英語
はつおん
ワークブック

マクラフリン愛菜

音声のダウンロード方法

付属のCDと同じ音声を、ホームページよりパソコンでダウンロードできます（スマートフォン、タブレットではダウンロードできません）。

1. 「ベレ出版」ホームページ内、『英語はつおんワークブック』の詳細ページにある「音声ダウンロード」ボタンをクリック。
   (URLは https://www.beret.co.jp/books/detail/595)
2. 8ケタのコードを入力してダウンロード。

   ダウンロードコード JMMtq1hm

まえがき

英語を話しても通じないのはなぜ？

　英語で一生懸命話しているのに、相手がぜんぜんわかってくれない！という経験はありませんか？「英語はハート to ハートなんだ！」と勢いやノリだけで話していませんか？

　会話で重要になるのは発音です。

　日本語でも発音が違うと伝わらないことがあります。例えば、友人に「きのう、うちのエヌがね」と言われたら、「えぇっ？エヌってなんだろう？」と思いませんか？「イ」と「エ」が似ているからといって「イヌ（犬）」を「エヌ」に置き換えるとわからなくなってしまいます。英語も同じで、似ている音を区別しないと相手に通じにくいのです。

☆本書の狙いと特徴☆

　会話では発音が重要なのですが、重視しすぎると発音に気を取られ話せなくなってしまいます。幸いなことに、英語はどの音も全て完璧に発音しなくてはならないわけではありません。

　例えば、「Bed」ですが、「Bed」の「e」は日本語の「エ」と少し異なりますが、日本語のように普通に「エ」と発音しても通じます。このように日本人が慣れ親しんだ音は安心して発音できるのです。

　そこで私が皆様へお勧めする学習法は、全ての発音を矯正するのではなく、

①**カタカナ英語では通じない発音を認識する**
②**カタカナ英語を起点に正しい発音に変化させる**
③**スペルから正しい発音を予測する**

という、日本人が飲み込みやすい方法で「通じる英語発音」を身に付けていただこう、というものです。本書では日本人が間違えやすい発音の単語を取り上げて、発音の方法をわかりやすく解説しています。また、📣 が付いている音は特に気をつけなければならない発音ですので、よく練習してみてください。

📣 の発音は、外部サイトに〈ピンポイントレッスン〉の動画を用意しましたので、ご活用いただければ幸いです。

普段英語を話していて、もしその英語が通じなかった時、もう一度同じ言い方をするのではなく、本書の発音のコツを思い出してみてください。
　通じなかった単語は発音のコツを参考に練習すると、通じる音に変化し、最終的には自然に矯正されて、それが身に付いていきます。
　本書が皆様の英語学習の向上はもとより、英語を使ったコミュニケーションの円滑化と楽しみにつながることを、心よりお祈り致します。

　末筆になりますが、本書の発行にご尽力くださった皆様へ、深くお礼申し上げます。
　「やりなおし英語JUKU」の恵比須代表取締役、建部先生、宿久先生、夜遅くまで原稿の最終チェックを一緒にしてくれた珠佳ちゃん、発音にトライしてくださったたくさんの受講生の皆様、いつも温かく見守り励ましてくれた家族と友人の皆様、イラストレーターのいげたさん、DTPを担当してくださった清水さん、ベレ出版 編集者の新谷さん、本当にありがとうございました。

マクラフリン愛菜

もくじ

まえがき………003
本書の使い方・練習方法………006

母音（母音はアイウエオのバリエーション）
短母音（æ/ɑ/ʌ/ə/i/e/u）………013
長母音（ɑː/ɔː/iː/uː）………043
二重母音（ai/au/iə/ei/ou/ɔi）………050
母音のまとめ………066

子音（子音は母音以外の音の集まり）
破裂音（b/p/t/d/k/g）………081
摩擦音（f/v/θ/ð/ʃ/ʒ/s/z/h）………092
破擦音（tʃ/dʒ）………113
流音（l/r）………118
接近音（w/j）………140
鼻音（m/n/ŋ）………144

音のメカニズム
脱落音（消える音）………149
連結音（音と音はつながる）………183
同化音（音と音のつながりで音は変化する）………209

付録
センテンス練習………225

本書の使い方・練習方法

本書は声に出して練習できる発音ワークブックです。
練習回数の目安は本書3周ですが、発音記号を見ないでスペルのみで瞬時に発音できるようになるまで、繰り返しご活用いただけますと幸いです。

1周目

スペルと発音記号を比較しながら、**CD**を一通り聞いてみましょう。

2周目

＊[発音チェック！]のパート

それぞれの単語が、本書著者であるマクラフリンとネイティブの発音で収録されています。マクラフリンまたはネイティブと同時に発音し、発音のズレを確認しましょう。マクラフリンは日本人が発音しやすい方法で発音しています。

音のズレの認識後、発音の仕方を本書でしっかり読み、鏡で口を確認しながら調整しましょう。

の音は特に注意したい発音ですので、動画での〈ピンポイントレッスン〉を外部サイトに用意しました。こちらで、さらに口の動きをしっかりご確認いただくと、一層わかりやすいと思います。

> マクラフリン愛菜のはつおん〈ピンポイントレッスン〉
> https://www.beret.co.jp/books/detail/595

そして、発音しにくい音は本書に印を付けておき、3周目で復習しましょう。

＊[発音練習]のパート
　マクラフリン→ネイティブの順に、各単語の発音が収録されています。マクラフリンまたはネイティブと同時に、テンポよく発音しましょう。

＊それ以外のパート
　ネイティブの発音のみが収録されています。余裕のある方はネイティブと同時または後に、発音することをお勧めします。

3周目〜

＊[発音チェック！]のパート
　2周目で印を付けた音は、発音の仕方をもう一度確認してから、マクラフリンまたはネイティブと同時に発音し、音のズレを確認しましょう。発音しにくい音は、再度印を付けておき、さらに復習しましょう。

＊[発音練習]のパート
　マクラフリンまたはネイティブと同時に、テンポよく発音しましょう。

＊それ以外のパート
　ネイティブと同時または後に発音して、ズレを確認し調整する方法がお勧めです。

Cocoaはココア？

みんなココアの英語の発音知っているかな？

①〜③のどれでしょうか？

① <u>コ</u>コア

② コ<u>コ</u>ア

③ どちらでもない

 TRACK02

正解は ③

ココアは「コゥコウ」と発音します♪

- ■ スペル　　　Cocoa
- ■ カタカナ　　ココア
- ■ ローマ字　　Kokoa

アは
ないです！

- ■ 発音　　　　ko　ko　~~a~~
　　　　　　　　　↑　↑
　　　　　　　　　u　u

ウの音が2つ
入るよ！

アクセント

- ■ 発音記号　　[kóukou]

　　　　　　　　コゥコウ

☆アクセント [´] は強調して発音される母音の上に付けられます。

Kokoはココアと同じ発音です。

母音はアイウエオのバリエーション

① **短母音**　（æ / ɑ / ʌ / ə / i / e / u）

② **長母音**　（ɑː / ɔː / iː / uː）

③ **二重母音**　（ai / au / iə / ei / ɔi / ou）

母音は舌と歯を気にせずに発音しましょう！

 短母音

◎ TRACK03

4つの「ア」を発音できますか?

Part 1 | 母音

短母音

① ア[æ] Cap 野球帽

② ア[ɑ] Cop 警察

③ ア[ʌ] Cup カップ

③ ア[ʌ] ④ ア[ə] Cuppa Cup ofの略式

英語は4つの「ア」に分かれるので区別しないと通じないよ!

次のページで違いを学びましょう!

「ア」の口の形

スペル	発音記号	口の形
Cap	[æ]	左右におもいっきり広げた時の口
Cop	[ɑ]	あごをダラ〜ンと落とした時の口
Cup	[ʌ]	鼻づまりで口から息をする時の楽な口
Cuppa	[ə]	鼻づまりで口から息をする時の楽な口

上図はしっかり明瞭に一音ずつ発音した時の口の開き方です。実際の英会話はスピードが必要とされますので、[æ]と[ɑ]は最大まで口を開かなくてもある程度の許容範囲内だと通じますが、開きが浅ければ浅いほど聞き取り難くなります。[ʌ]と[ə]は口を開きすぎると[ɑ]と区別できなくなります。

しっかり区別すると明瞭に聞き取れる ← 区別をしっかりしないと聞き取り難い → 日本語「あ」のままだと通じない

TRACK04
(p.15-16)

発音チェック！
「ア」「イ」「エ」「ウ」は短母音

Part 1 母音 — 短母音

① [æ] **Cap** [kǽp]
野球帽

左右に唇をめいっぱい引っ張って「ア」と発音しましょう。

ニコッと左右に口をひっぱる感じだよ。
「エ」に近い音になるよ！

② [ɑ] **Cop** [kɑ́p]
警官

指2本縦に入るくらい、あごをダラ〜ンと下に引き「ア」と発音しましょう。

あごがダラ〜ンと落ち、口を開けることが大事なので、口が小さい人は指1本以上開いたら大丈夫！
「ア」を少し長めに発音すると更にGOOD！

③ [ʌ] **Cup** [kʌ́p]
カップ

かすかに口を開けて「ア」、「ア」、「ア」とリズムを付けて素早くしっかり発音した時の「ア」です。

鼻をつまんで、楽に口から息をしてみて。
自然に開く口がこの「ア」だよ！
②は口を大きく開くけど③と④は小さくだよ！

④ [ə] **Cuppa** [kʌ́pə]
Cup ofの略式

③の[ʌ]と同じ発音です。違いは③は[ʌ]の箇所を強調して発音しますが、[ə]の箇所は強調せず軽く発音します。

[ə]は、あいまいに小さく暗く「カッパ」と発音する感じだよ。
Of[əv]も「オヴ」ではなく、小さく暗く「ァヴ」だよ！
「ア」だけど暗く発音するので「ォ」にも聞こえるね！

⑤ [i]　Lip [líp]　　日本語「え」の口で「イ」と発音しましょう。
　　　　　唇　　　　☆通常の日本語「い」でも通じます。

⑥ [e]　Pet [pét]　　日本語「え」の口で「エ」と発音しましょう。
　　　　　ペット　　☆通常の日本語「え」でも通じます。

⑤と⑥は日本語「え」よりも
少し左右に口を開くと
ネイティブに近い発音になるよ！

⑦ [u]　Hook [húk]　口を楽にして唇をすぼめないで「ウ」、「ウ」、「ウ」
　　　　　留め金　　とリズムを付けて発音した時の「ウ」です。☆通常
　　　　　　　　　　の日本語「う」でも通じます。

③ ア [ʌ]　　④ ア [ə]　　⑦ ウ [u]

③④⑦は3つとも口の形が一緒だよ！

☆＜上級＞　[i]にアクセントが無い時は⑥の「エ」に近い音で発音されます。
　語尾の [i] は「イー」と長めに発音されます。
　　例：electricity（電気）[ilektrísəti] エlektrísətイー
　　　　　　　　　　　　　[ɪlektrísəti] と表記する辞書もあります。

イメージトレーニング

もう一度確認！

「ア」の発音記号と口の形をリンクさせて覚えよう！

Part 1 母音　短母音

発音記号	口の形
[æ]	←→ (横長)
[ɑ]	↓ (縦長)
[ʌ]	＝
[ə]	＝

次のページで発音を練習しましょう！

発音練習

Cap [æ]

スペル「a」は基本的に[æ]と発音します。

Cap [kǽp] 野球帽	Map [mǽp] 地図	Black [blǽk] 黒い
Add [ǽd] 付け加える	Nap [nǽp] 昼寝	Family [fǽmli] 家族
Bag [bǽg] 袋	Pan [pǽn] なべ	Glad [glǽd] 嬉しい
Cat [kǽt] 猫	Rat [rǽt] ねずみ	Happy [hǽpi] 幸せな
Dad [dǽd] お父さん	Sad [sǽd] 悲しい	Last [lǽst] 最後の
Fat [fǽt] 太った	Tap [tǽp] 軽くたたく	Marry [mǽri] 結婚する
Hat [hǽt] 帽子	Tax [tǽks] 税金	Plan [plǽn] 計画
Man [mǽn] 男	Van [vǽn] バン	Staff [stǽf] スタッフ

スペルから発音練習

次はスペル「o」を発音してみよう！

TRACK06
(p.19-20)

Part 1 | 母音

短母音

「禁煙の」「Nonsmoking」を「ノン・スモーキング」と発音していませんか？

「Non」の「o」はア[ɑ]だよ。

「ナンセンス」「Nonsense」
「直行の」「Nonstop」も
「Non」の「o」はア[ɑ]です！

> スペルから発音練習

「ボックス」の「o」は「ア」だよ！

B**o**x

「ボックス」ではありません！

B**o**x
[bάks]

[bάks]
「o」は「ア」なので「バクス」！

TRACK07

 発音練習

Cop [ɑ]

スペル「o」は基本的に[ɑ]と発音します。

Part 1 ｜ 母音

短母音

Co**p** [kɑ́p] 警察	**D**o**ll** [dɑ́l] 人形	**Cl**o**ck** [klɑ́k] 時計
Bo**x** [bɑ́ks] 箱	**J**o**b** [dʒɑ́b] 仕事	**St**o**p** [stɑ́p] 止める
Bo**b** [bɑ́b] ボブ（男性の名前）	**L**o**t** [lɑ́t] たくさん	**Sh**o**p** [ʃɑ́p] 店
To**m** [tɑ́m] トム（男性の名前）	**M**o**p** [mɑ́p] モップ	**Ch**o**p** [tʃɑ́p] たたき切る
To**p** [tɑ́p] 最上部	**N**o**t** [nɑ́t] 〜でない	**D**o**ctor** [dɑ́ktər] 医者
Po**p** [pɑ́p] ポンと鳴る	**B**o**dy** [bɑ́di] 体	**Pr**o**blem** [prɑ́bləm] 問題
Ho**t** [hɑ́t] 暑い・熱い	**C**o**py** [kɑ́pi] 複写	**O**d**d** [ɑ́d] 普通でない
Ho**p** [hɑ́p] ぴょんととぶ	**Bl**o**ck** [blɑ́k] かたまり	**O**p**tion** [ɑ́pʃən] 選択

発音練習

Cup

スペル「u」は基本的に [ʌ] と発音します。

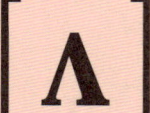

Cup [kʌ́p]
カップ

Up [ʌ́p]
上へ

Under [ʌ́ndər]
下に

Bus [bʌ́s]
バス

But [bʌ́t]
しかし

Cut [kʌ́t]
切る

Dull [dʌ́l]
鈍い

Fun [fʌ́n]
楽しい

Hunt [hʌ́nt]
狩る

Just [dʒʌ́st]
丁度

Luck [lʌ́k]
運

Lunch [lʌ́ntʃ]
昼

Nut [nʌ́t]
木の実

Study [stʌ́di]
勉強する

Sum [sʌ́m]
合計

Sun [sʌ́n]
太陽

例外 スペル「o+m」

Some [sʌ́m]
いくらかの

Come [kʌ́m]
来る

スペル「o+n」

Onion [ʌ́njən]
玉ねぎ

Money [mʌ́ni]
お金

スペル「o+v」

Oven [ʌ́vən]
オーブン

Love [lʌ́v]
愛

スペルから発音練習

次はア[ə]のスペルを学びましょう！

Part 1 ｜ 母音

短母音

発音ア[ə]のスペルは
「a」「i」「u」「e」「o」
だよ！

[ə]で発音する時
のパターンを
学びましょう！

前置詞は弱い「ア」で発音してもいいよ！

	強形 [æ]/[ɑ]/[ʌ]	弱形 [ə]
At	[ǽt] ⇔	[ət]
As	[ǽz] ⇔	[əz]
Of	[ɑ́v] [ʌ́v] ⇔	[əv]
From	[frɑ́m] [frʌ́m] ⇔	[frəm]

Be動詞や助動詞は弱い「ア」で発音してもいいです！

強形	弱形
[æ]/[ʌ]/[u]	[ə]

Am

[ǽm] ⇔ [əm]

☆Areの「ア」も弱形は[ə]

Have

[hǽv] ⇔ [həv]

☆Has / Hadの「ア」も弱形は[ə]

Does

[dʌ́z] ⇔ [dəz]

Could

[kúd] ⇔ [kəd]

☆Should / Wouldの「ウ」も弱形は[ə]

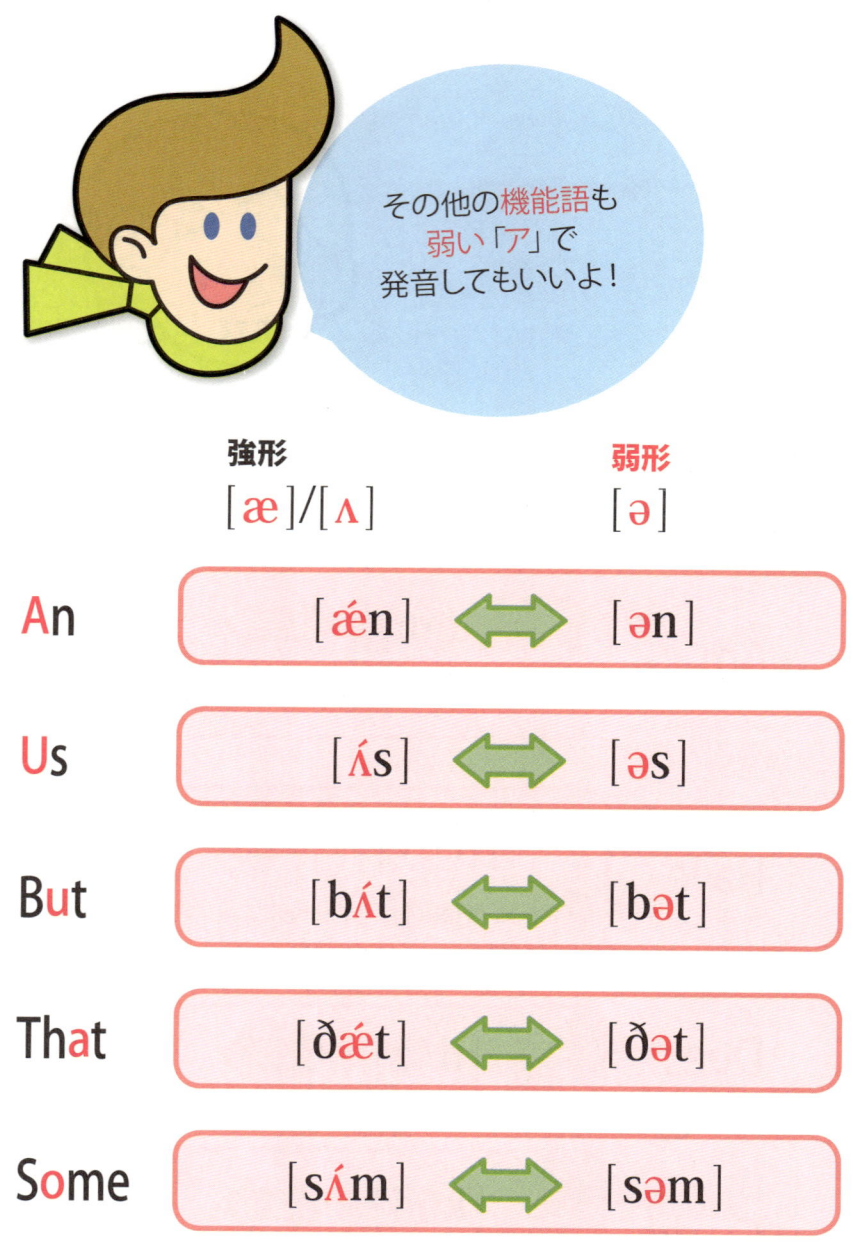

☆機能語は前置詞、助動詞、冠詞、代名詞、接続詞等になります。

「You」の弱形は「ヤ」[jə]。
「You」のカジュアルなスペルは「Ya」です！

See ya!
(じゃ、またね！)

※ヤ[j]は子音のページで紹介します！

接尾辞は弱い「ア」で発音される傾向だよ！

 弱い「ア」 接尾辞

Neighbor [néibər]
近所の人

-bor [-bər]

Standard [stǽndərd]
基準

-dard [-dərd]

President [prézədənt]
大統領・社長

-dent [-dənt]

Payment [péimənt]
支払

-ment [-mənt]

Cinnamon [sínəmən]
シナモン

-mon [-mən]

Stolen [stóulən]
Stealの過去分詞

-len [-lən]

次はスペル別に見ていこう！

スペル「a」は、発音のアクセント[´]がある時は基本[æ]ですが、無い時は弱い[ə]になる傾向です！

スペル	強い「ア」	弱い「ア」
a	イタリアの Italian [itǽljən]	イタリア Italy [ítəli]

[æ] ⇔ [ə]

スペルから発音練習

「サラダ」を発音してみよう！

? ?
↓ ↓
Salad

Italian salad
[ǽ] [ə]　[ǽ] [ə]

[sǽləd]

2つ目の「a」は弱い「ア」！

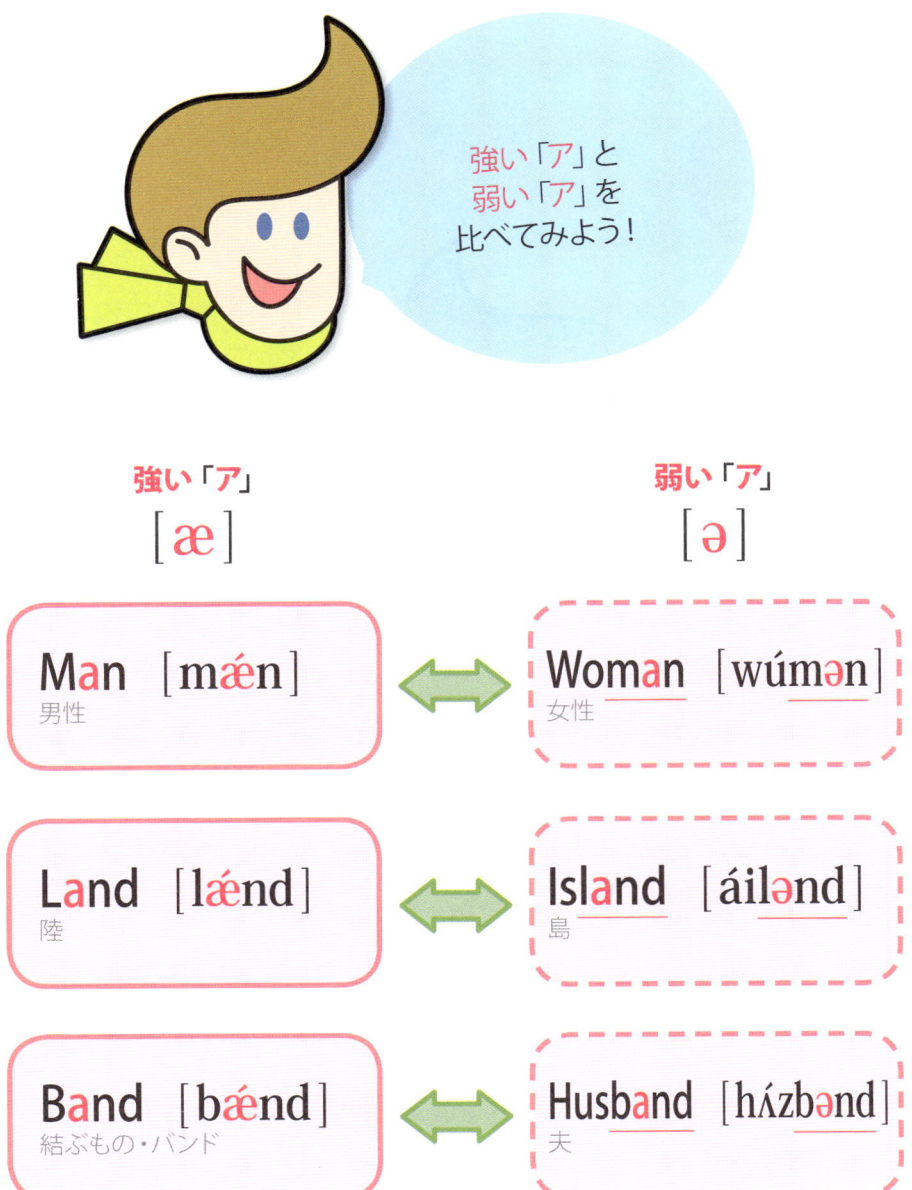

スペル別に見ていこう！

i

スペル「i」は、発音のアクセント[´]がある時は基本[i]だけれど、無い時は弱い[ə]になる傾向だよ！

スペル	「イ」	弱い「ア」
i	霧 Mist [míst]	化学者 Chemist [kémǝst]

[i]  [ə]

スペル「i」は単語の真ん中にある時は[ə]で発音される傾向です！

Part 1 | 母音

短母音

I → 弱い「ア」 [ə]

- **An**i**mal** [ǽnəml]
  動物

- **Amer**i**ca** [əmérəkə]
  アメリカ

- **Min**i**mum** [mínəməm]
  最小の数・量

- **Sem**i**nar** [sémənɑːr]
  セミナー

- **Vis**i**tor** [vízətər]
  訪問者

[ə]ではなく[i]で表示している辞書もあるよ！

スペル別に見ていこう！ U

スペル「u」も発音のアクセント[´]がある時は基本[ʌ]だけれど、無い時は弱い[ə]になる傾向だよ！

スペル	「ア」	弱い「ア」
u	突風 G**u**st [gʌ́st]	8月 Aug**u**st [ɔ́ːgəst]

[ʌ]  [ə]

スペル別に見ていこう！

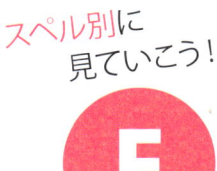

スペル「e」も発音のアクセント[´]がある時は基本[e]だけれど、無い時は弱い[ə]になる傾向です！

スペル	「エ」	弱い「ア」
e	レモン **Lemon** [lémən]	問題 **Problem** [prábləm]

[e]  [ə]

スペル別に
見ていこう！

o

スペル「o」
も発音のアクセント[́]
がある時は基本[ɑ]
だけれど、無い時は
弱い[ə]になる
傾向だよ！

スペル	「ア」	弱い「ア」
o	たくさん **Lot** [lɑ́t]	パイロット **Pilot** [páilət]

[ɑ] ⇔ [ə]

スペルから発音練習

「Common」を発音してみよう！

TRACK14
(p.37-38)

Part 1 母音

短母音

「コモン」ではないよ！

Common

ありふれた

正解：「カマン」[kámən]

037

強い「ア」と弱い「ア」を比べてみよう！

強い「ア」
[ɑ]

弱い「ア」
[ə]

Contest [kɑ́ntest]
名詞：コンテスト・競技

⇔

Contest [kəntést]
動詞：目指して争う

Project [prɑ́dʒekt]
名詞：プロジェクト

⇔

Project [prədʒékt]
動詞：予測する

Produce [prɑ́djuːs]
名詞：農産物

⇔

Produce [prədjúːs]
動詞：生産する

TRACK15
(p.39-40)

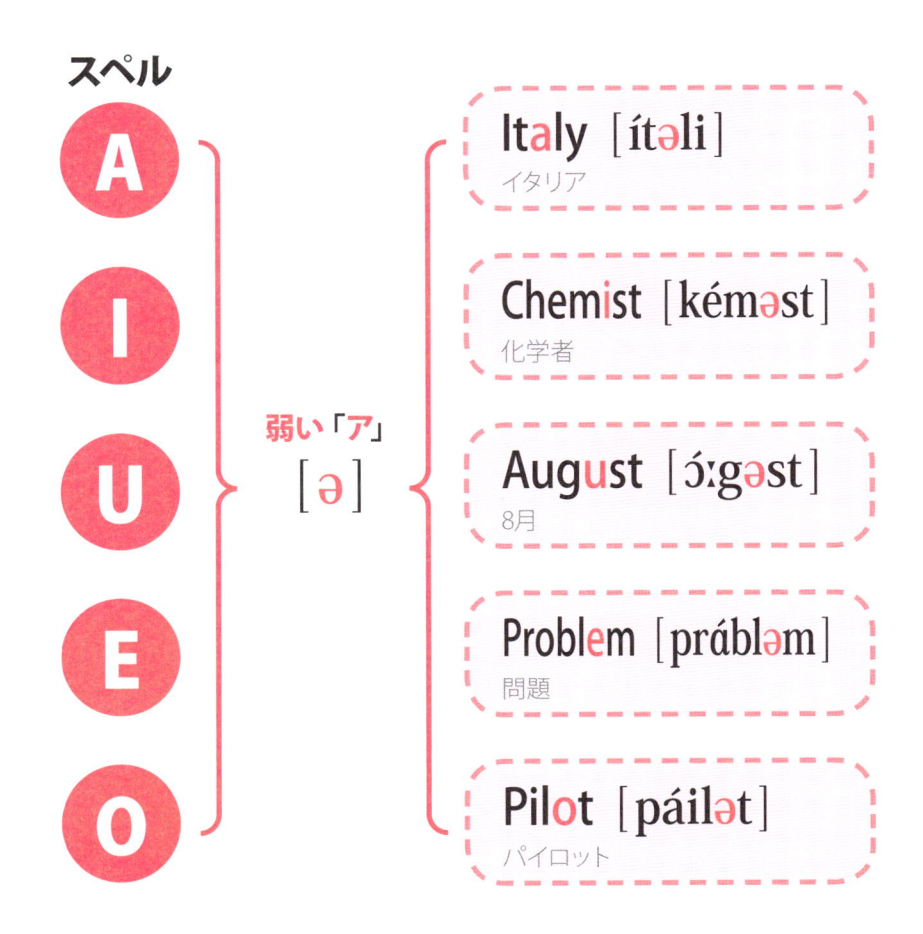

Part 1 — 母音 — 短母音

もう一度確認！

スペル「a / i / u / e / o」は全て[ə]にもなります！

スペル

A
I
U
E
O

弱い「ア」 [ə]

Italy [ítəli]
イタリア

Chemist [kéməst]
化学者

August [ɔ́ːgəst]
8月

Problem [prábləm]
問題

Pilot [páilət]
パイロット

039

スペルから発音練習

「リボン」を発音してみよう！

Ribbon

「ボン」ではありません！

Ribbon
[ríbən]

[ríbən]
「-bbon」は「バン」なので「ゥリバン」！

発音練習 [ə]

Cuppa

弱く発音するスペル「a / i / u / e / o」は基本的に[ə]と発音します。

Cuppa [kʌ́pə]
Cup ofの略式

スペル「a」

Ago [əgóu]
前に

About [əbáut]
〜について

America [əmérəkə]
米国

Breakfast [brékfəst]
朝食

Canada [kǽnədə]
カナダ

Sugar [ʃúgər]
砂糖

Usual [júːʒuəl]
いつもの

スペル「i」

Accident [ǽksədənt]
アクシデント

Similar [símələr]
同様の

スペル「u」

August [ɔ́ːgəst]
8月

Support [səpɔ́ːrt]
支える

スペル「e」

Label [léibəl]
ラベル

Problem [prábləm]
問題

スペル「o」

Of [əv]
〜の

Almond [áːmənd]
アーモンド

Second [sécənd]
第2の

Continue [kəntínjuː]
続く

Pilot [páilət]
パイロット

Onion [ʌ́njən]
玉ねぎ

Station [stéiʃən]
駅

Opinion [əpínjən]
意見

短母音「ア」のまとめ

「ア」のスペル	「ア」の発音記号	「ア」の口の形
a	[æ]	↔
o	[ɑ]	↓
u	[ʌ]	＝
弱い a i u e o	[ə]	＝

イメージ
トレーニング！

長母音
「Full」を「Fool」と発音していませんか？

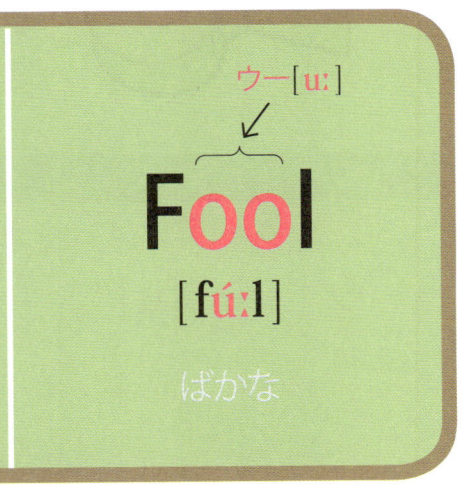

Full ウ[u]
[fúl]
おなかいっぱい

Fool ウー[uː]
[fúːl]
ばかな

短母音の[u]に[ː]が付くと母音が長くなるので[uː]は長母音と言われているよ。

短母音の「ウ」をただ「ウー」と長くするだけではなく、口の形にも違いがあります！

☆長母音は長音記号[ː]の前の母音をのばして発音します。

Part 1 母音　長母音

TRACK17

「ウ」と「ウー」の口の開け方を比べてみよう！

カタカナ	発音記号	口の形
ウ	[u]	鼻づまりで口から息をする時の楽な口
ウー	[uː]	唇が丸く突き出る日本語「ふ」の口 ◎

短母音の「ウ」は唇が丸く突き出ません！

発音チェック！
母音を長めに発音する長母音

① [ɑː] **F**a**ther** [fɑ́ːðər] お父さん
短母音の[ɑ]を伸ばして「アー」と発音しましょう。（指2本縦＋下あごダラ～ン）

② [ɔː] **L**o**ng** [lɔ́ːŋ] 長い
長母音の①の[ɑː]の口の形で「アー」の代わりに「オー」と発音しましょう。
（指2本縦＋下あごダラ～ン）

①と②が同じ口の形になっているか鏡で確認してみて！
①と②を分けないネイティブもいるよ。
難しかったら、①に統一してもいいよ！

③ [iː] **E**a**t** [íːt] 食べる
日本語の「い」の口よりも左右に引っ張り「イー」と発音しましょう。
☆通常の日本語「いー」でも通じます。

写真をとるときの「はい、チーズ！」の「チーズ」の口の形だよ！

④ [uː] **C**oo**l** [kúːl] 涼しい
「は」、「ひ」、「ふ」と発音してみてください。
「ふ」の口の形です。
「ふ」は唇を丸め前に突き出します。
このまま「ウー」と発音しましょう。
☆通常の日本語「うー」でも通じます。

「アー」と「オー」の発音記号と口の形をリンクさせて覚えよう！

カタカナ	発音記号	口の形
ア	[ɑ]	
アー	[ɑː]	
オー	[ɔː]	

3つとも口の形は一緒です！

伝統的に短母音[ɑ]と長母音[ɑː]に分けていますが、[ɑ]はあごをしっかり落として発音する為、必然的に少し長めに発音され、長母音の[ɑː]と同じと考えて良いと思います。
最近では[ɑ]を[ɑ(ː)]や[ɑː]と表記する辞書も増えています。

伝統的に[ɑː]と[ɔː]を区別していますが、従来[ɔː]で発音されていた単語が[ɑː]にシフトしている傾向があります。[ɔː]の代わりに[ɑː]と発音しても通じます。

p.21と同じ単語です！

短母音の[ɑ]は長母音の[ɑː]でもいいです！

Part 1 母音 / 長母音

Cop [kɑ́(ː)p]
警察

Box [bɑ́(ː)ks]
箱

Bob [bɑ́(ː)b]
ボブ（男性の名前）

Tom [tɑ́(ː)m]
トム（男性の名前）

Top [tɑ́(ː)p]
最上部

Pop [pɑ́(ː)p]
ポンと鳴る

Hot [hɑ́(ː)t]
暑い・熱い

Hop [hɑ́(ː)p]
ぴょんととぶ

Doll [dɑ́(ː)l]
人形

Job [dʒɑ́(ː)b]
仕事

Lot [lɑ́(ː)t]
たくさん

Mop [mɑ́(ː)p]
モップ

Not [nɑ́(ː)t]
〜でない

Body [bɑ́(ː)di]
体

Copy [kɑ́(ː)pi]
複写

Block [blɑ́(ː)k]
かたまり

Clock [klɑ́(ː)k]
時計

Stop [stɑ́(ː)p]
止める

Shop [ʃɑ́(ː)p]
店

Chop [tʃɑ́(ː)p]
たたき切る

Doctor [dɑ́(ː)ktər]
医者

Problem [prɑ́(ː)bləm]
問題

Odd [ɑ́(ː)d]
普通でない

Option [ɑ́(ː)pʃən]
選択

047

発音練習

Father [ɑː]

スペル「a」は [ɑː] と発音します。

Father [fɑ́ːðər]
お父さん

Spa [spɑ́ː]
スパ

スペル「al」

Calm [kɑ́ːm]
おだやかな

Palm [pɑ́ːm]
手のひら

Almond [ɑ́ːmənd]
アーモンド

[ɑː]と[ɔː]
どちらでも
いいです！

[ɑː]	[ɔː]
All [ɑ́ːl] 全部	**All** [ɔ́ːl] 全部
Ball [bɑ́ːl] ボール	**Ball** [bɔ́ːl] ボール
Call [kɑ́ːl] 呼ぶ	**Call** [kɔ́ːl] 呼ぶ
Fall [fɑ́ːl] 落ちる	**Fall** [fɔ́ːl] 落ちる
Tall [tɑ́ːl] 背の高い	**Tall** [tɔ́ːl] 背の高い
Small [smɑ́ːl] 小さい	**Small** [smɔ́ːl] 小さい
Walk [wɑ́ːk] 歩く	**Walk** [wɔ́ːk] 歩く
Wall [wɑ́ːl] 壁	**Wall** [wɔ́ːl] 壁

発音練習

Long [ɔː]

スペル「o」「al」「au」「aw」「ough」「augh」は [ɔː] と発音します。

Part 1 母音 / 長母音

Long [lɔ́ːŋ]
長い

Cost [kɔ́ːst]
コスト

Lost [lɔ́ːst]
Loseの過去・過去分詞

Loss [lɔ́ːs]
失うこと

Toss [tɔ́ːs]
ほうり投げる

スペル「au」

Auto [ɔ́ːtou]
車

August [ɔ́ːgəst]
8月

スペル「aw」

Law [lɔ́ː]
法律

Saw [sɔ́ː]
Seeの過去形

スペル「ough」

Bought [bɔ́ːt]
Buyの過去・過去分詞

Thought [θɔ́ːt]
Thinkの過去・過去分詞

スペル「augh」

Caught [kɔ́ːt]
Catchの過去・過去分詞

Taught [tɔ́ːt]
Teachの過去・過去分詞

スペル「al」

Bald [bɔ́ːld]
はげた

Salt [sɔ́ːlt]
塩

[ɔː]は[ɑː]でもいいよ！

二重母音
「Law」と「Low」を発音できますか?

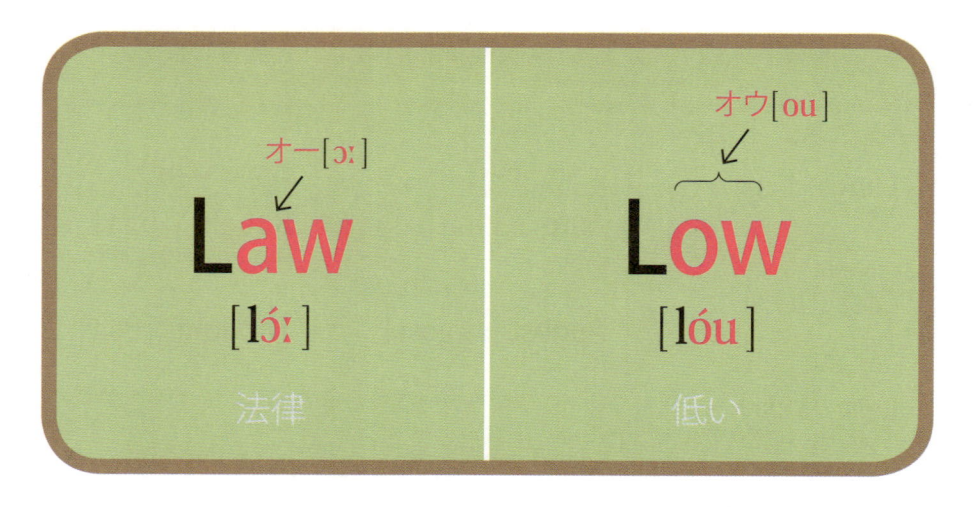

TRACK21

Law オー[ɔː]
[lɔ́ː]
法律

Low オウ[ou]
[lóu]
低い

Law は長母音の [ɔː]
Low は母音が2つ並んで [ou]!

母音が2つ並ぶと二重母音とよばれます!

「オー」と「オゥ」の口の形の違い

カタカナ	発音記号	口の形
オー	[ɔː]	あごをダラ〜ンと落とした時の口
オゥ	[ou]	ステップ①：オ 日本語「よ」のように唇を前方に突き出し「オ」と発音 ステップ②：ゥ 唇が丸く突き出る日本語「ふ」の口で「ウ」と発音（長母音の「ウー」と同じ口の形）

Part 1 母音 — 二重母音

発音チェック！
母音が2つセットになった二重母音

① [ai]　Pie [pái]　　「**アイ**」と発音しましょう。
　　　　パイ

② [au]　House [háus]　「**アウ**」と発音しましょう。
　　　　家

③ [iə]　Idea [aidíə]　「**イア**」と発音しましょう。
　　　　思いつき

④ [ei]　Cake [kéik]　　「**エイ**」と発音しましょう。
　　　　ケーキ

⑤ [ɔi]　Toy [tɔ́i]　　「**オイ**」と発音しましょう。
　　　　おもちゃ

⑥ [ou]　Go [góu]　　「**オウ**」と発音しましょう。
　　　　行く

①～⑥は日本人にとってやさしい発音になります。
短母音の [ɑ] と長母音の [ɑː][ɔː] は同じ口の形で口を大きく開けますが、二重母音の①②⑤⑥の [a][o][ɔ] は日本語の「あ」と「お」の発音に近く、口の形や大きさを気にせずに発音できます。
⑤と⑥の [o] と [ɔ] は同じように発音してください。①～⑤は最初の母音を「アーイ」、「アーウ」、「イーア」、「エーイ」、「オーイ」のように少し長めに発音するとネイティブの発音に近くなります。
二重母音の「イ」は長母音「イー」の「イ」のように口を左右に引っ張るとネイティブの発音に近くなりますが、二重母音の「イ」は短母音の「イ」と同じだという一説もあり、長母音の「イ」のように無理に口を左右に引っ張らなくても大丈夫です。
②の [au] の [a] を [æ] で発音する地域もあります。

カタカナから発音練習

カタカナの「エー」に注意!

長母音の [eː] は存在しないよ!

Part 1 ｜ 母音

二重母音

「ケーキ」「Cake」
「ネーム」「Name」
「テープ」「Tape」
などなど、「a」を「エー」
と発音して
いませんか?

長母音の
「エー」は存在しないので、
二重母音の「エイ」
[ei] に置き換えて
発音しよう!

「ケイク」、
「ネイム」、
「テイプ」!

スペル「a」は母音が1つの時はア [æ] が基本で、スペルが「e」で終わる時は二重母音のエイ [ei] になる傾向だよ!

スペル	短母音読み	アルファベット読み
a	野球帽 **Cap** [kǽp]	岬 **Cape** [kéip]

[æ] ➡ [ei]

Make や Take も「エイ」です!

カタカナから発音練習

フランス語や日本語が英語化した「カフェ」「Café」や「酒」「Sake」はこのルールが適用されません。

「Café」は [kæféi] 短母音のア [æ]。「キャフェイ」

「Sake」は「お酒」だと長母音のアー [ɑː] で「サーキ」[sɑ́ːki]、「目的・利益」の意味だと二重母音のエイ [ei] で「セイク」[séik] です!

Part 1 母音

二重母音

発音練習

Cake
スペル「a」は [ei] と発音します。

[ei]

スペル「a + e」

Cake [kéik] ケーキ	Late [léit] 遅い
Base [béis] ベース	Make [méik] 作る
Case [kéis] ケース	Name [néim] 名前
Cape [kéip] 岬	Rate [réit] レート
Date [déit] 日付・デート	Safe [séif] 安全な
Face [féis] 顔	Same [séim] 同じ
Game [géim] ゲーム	Tape [téip] テープ
Gate [géit] ゲート	Wake [wéik] 目を覚ます

スペル「a + y」

- Day [déi] 日
- Maybe [méibi] たぶん
- Baby [béibi] 赤ちゃん
- Crazy [kréizi] 気が狂った
- Play [pléi] 遊ぶ

その他

- Major [méidʒər] 重要な
- Sales [séilz] 販売の

カタカナから発音練習

カタカナの「オ」に注意!

短母音のオ [ɔ] は存在しないよ！

ホスト・ファミリーの「Host」を「ホスト」と発音していませんか？

短母音の「オ」はアメリカ英語では存在しないよ。

二重母音のオウ [ou] だと通じます！
[hóust]

Part 1　母音

二重母音

☆ [ɔ] はアメリカでは [ɔi] のような二重母音や [ɔːr] のようにアールとセットの長母音として用いられることはありますが、短母音単独の発音は通常ありません。

スペル「o」は長母音の「オー」と二重母音の「オウ」に分かれるよ!

オー

◎ [ɔː]

Cost [kɔ́ːst]
コスト

[kóust]だと「海岸」の「Coast」になるよ!

Lost [lɔ́ːst]
見失った

オウ

◎ [ou]

Host [hóust]
ホスト

Most [móust]
大部分の

Post [póust]
柱

カタカナから発音練習

カタカナの「オー」に注意!

「ホーム」「Home」
「ローズ」「Rose」
「ジョーク」「Joke」
などなど、「o」を「オー」と発音していませんか?

二重母音の「オウ」[ou] に置き換えて発音しよう!

「**ホウ**ム」、
「ゥ**ロウ**ズ」、
「ジョ**ウ**クッ」!

Part 1 母音

二重母音

スペル「o」は母音が1つの時はア [ɑ] が基本で、スペルが「e」で終わる時は二重母音のオウ [ou] になる傾向だよ!

スペル	短母音読み	アルファベット読み
o	警察 **Cop** [kɑ́p]	対処する **Cope** [kóup]

[ɑ] ➡ [ou]

Hole や Joke も「**オウ**」です!

スペルから発音練習

TRACK27
(p.61-62)

「aw」は「オー」
「ow」は「オウ」！

Part 1 母音

二重母音

「See の過去形」の
「Saw」を「ソウ」と
発音していませんか？

スペル「aw」は
長母音のオー [ɔ́ː]
なので「ソー」だね。

スペル「ow」が
二重母音の
オウ [ou] なので、
「種をまく」の
「Sow」は
「ソウ」ね！

☆「縫う」の「Sew」も [sóu] です。

061

スペル「aw」は**長母音**の「オー」!

スペル「ow」は**二重母音**の「オウ」!

オー

オウ

aw [ɔː]

ow [ou]

Saw [sɔ́ː] See の過去形	⇔	Sow [sóu] 種をまく
Law [lɔ́ː] 法律	⇔	Low [lóu] 低い
Raw [rɔ́ː] 生の	⇔	Row [róu] 列

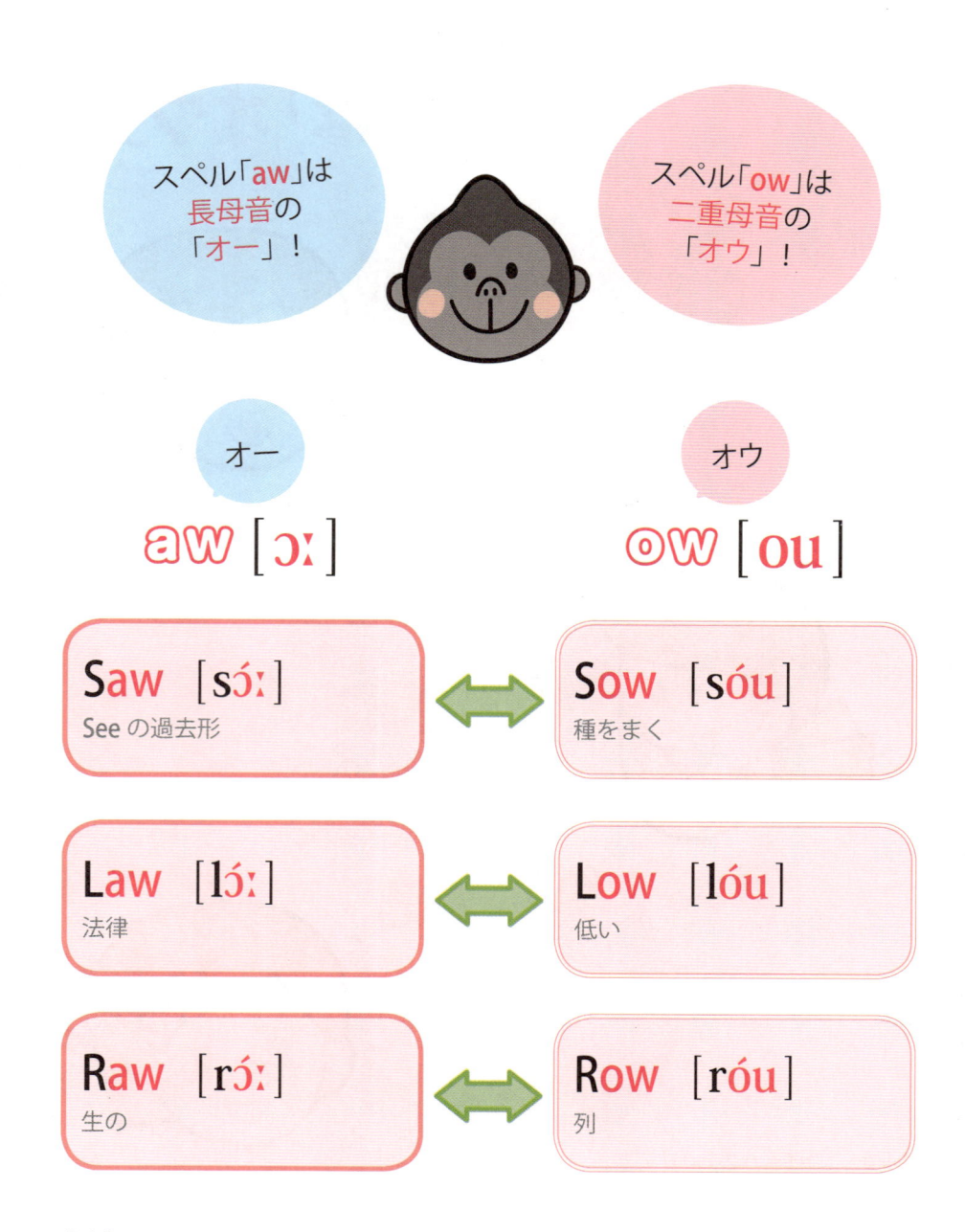

スペルから発音練習

「ough」は「オー」
「oa」は「オウ」！

「船」の「Boat」と「Buy の過去・過去分詞」の「Bought」はよく間違って発音されているわね。

「Boat」はカタカナでは「ボート」だけれど「oa」はオーではなく二重母音のオウ [ou] だよ！

「Bought」の「ough」は長いけれど長母音のオー [ɔː] で発音するのでこちらが「ボート」ね！

Part 1　母音

二重母音

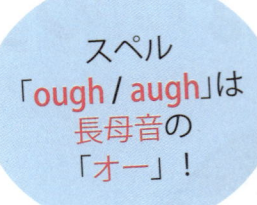

スペル「ough / augh」は長母音の「オー」！

スペル「oa」は二重母音の「オウ」！

オー

ough augh [ɔː]

オウ

oa [ou]

Bought [bɔ́ːt]
Buy の過去・過去分詞

⇔

Boat [bóut]
ボート

Caught [kɔ́ːt]
Catch の過去・過去分詞

⇔

Coat [kóut]
コート

Taught [tɔ́ːt]
Teach の過去・過去分詞

⇔

Toast [tóust]
(パン等)を焼く

発音練習

Go [ou]

スペル「o」「ow」「oa」は [ou] と発音します。

Go [góu]
行く

No [nóu]
いいえ

So [sóu]
とても

スペル「o + ld」

Old [óuld]
年取った

Cold [kóuld]
寒い

Gold [góuld]
金

スペル「oa」

Goal [góul]
ゴール

Soap [sóup]
ソープ

Throat [θróut]
のど

スペル「o + e」

Code [kóud]
コード

Mode [móud]
モード

Rope [róup]
ロープ

Smoke [smóuk]
たばこを吸う

スペル「ow」

Own [óun]
自分自身の

Know [nóu]
知っている

Show [ʃóu]
見せる

Snow [snóu]
雪

その他

Open [óupn]
開く

Over [óuvər]
〜越しに

Most [móust]
大部分の

Post [póust]
柱

スペル「a、i、u、e、o」の代表的な発音のまとめ

スペル	短母音読み	アルファベット読み
a	野球帽 C**a**p [æ]	岬 C**a**pe [ei]
i	それ **I**t [i]	氷 **I**ce [ai]
u	切る C**u**t [ʌ]	非常に大きい H**u**ge [juː]
e	卵 **E**gg [e]	私を M**e** [iː]
o	警察 C**o**p [ɑ]	対処する C**o**pe [ou]

スペル「a」のまとめ

A [éi]	B [bíː]	C [síː]	D [díː]	E [íː]
F [éf]	G [dʒíː]	H [éitʃ]	I [ái]	J [dʒéi]
K [kéi]	L [él]	M [ém]	N [én]	O [óu]
P [píː]	Q [kjúː]	R [áːr]	S [és]	T [tíː]
U [júː]	V [víː]	W [dʌ́bljùː]	X [éks]	Y [wái]
Z [zíː]				

岬　　　　　　　　　　　　　[ei]

Cape
[kéip]

野球帽　　　　　　　　　　[æ]

Cap
[kǽp]

サラダ [ə]

Salad
[sǽləd]

全て [ɑː][ɔː]

All
[ɑ́ːl][ɔ́ːl]

お父さん　　　　　　　　　　[ɑː]

Father
[fάːðər]

見る　　　　　　　　　　　[ɑ(ː)]

Watch
[wά(ː)tʃ]

スペル「o」のまとめ

A	B	C	D	E
[éi]	[bíː]	[síː]	[díː]	[íː]
F	G	H	I	J
[éf]	[dʒíː]	[éitʃ]	[ái]	[dʒéi]
K	L	M	N	**O**
[kéi]	[él]	[ém]	[én]	[óu]
P	Q	R	S	T
[píː]	[kjúː]	[áːr]	[és]	[tíː]
U	V	W	X	Y
[júː]	[víː]	[dʌbljùː]	[éks]	[wái]
Z				
[zíː]				

ホスト　　　　　　　　　　[ou]

Host
[hóust]

警察　　　　　　　　　　[ɑ]

Cop
[kɑ́p]

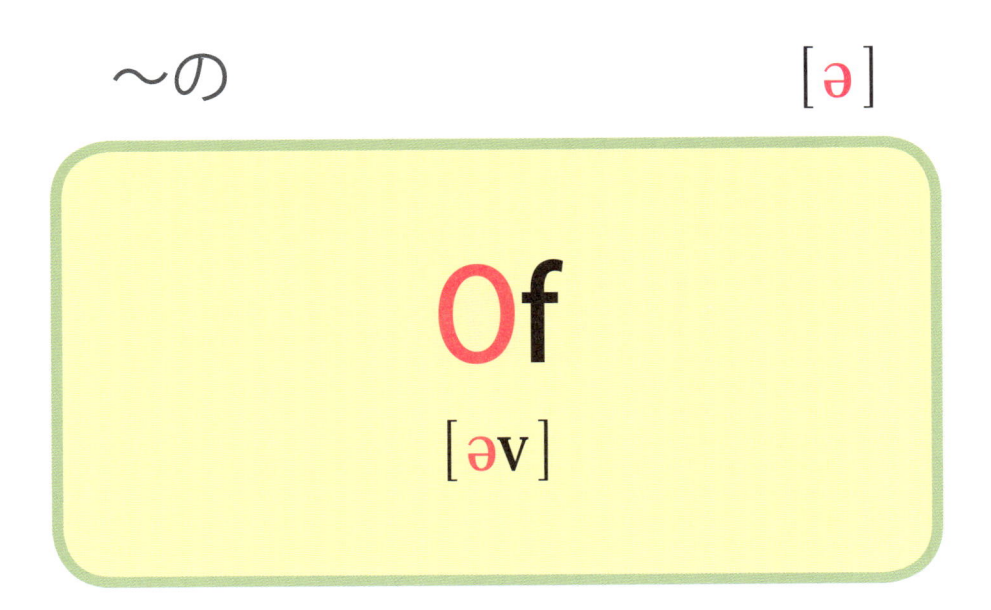

いくつかの　　　　　　　　[ʌ]

Some

[sʌ́m]

〜の　　　　　　　　　　[ə]

Of

[əv]

女性（複数形） [i]

Women
[wímin]

女性（単数形） [u]

Woman
[wúmən]

スペルから発音練習

スペルが「oo」の発音は？

「Wool」を「ウール」と発音していませんか？

「Cool」は長母音のウー [uː] だけれど、「oo」は短母音のウ [u] にもなるよ。

「Wool」の「oo」は「足」の「Foot」と同じく短母音のウ [u] で発音しないと通じないよ！
Wool [wúl]
Foot [fút]

Part 1 母音

母音まとめ

涼しい　　　　　　　　　　[uː]

Cool

[kúːl]

ウール　　　　　　　　　　[u]

Wool

[wúl]

「oo」はア [ʌ] もあるね！

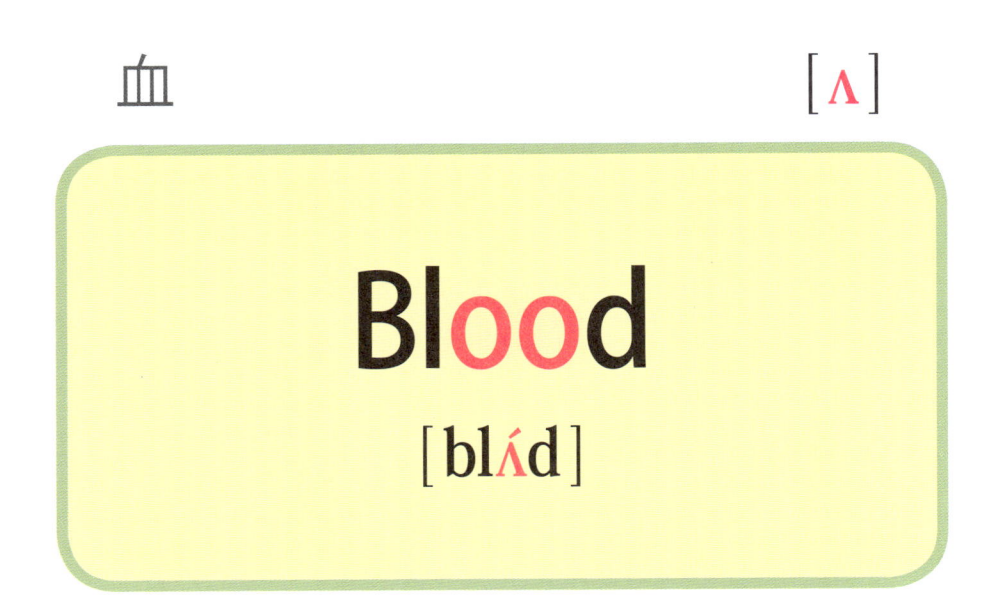

Part 1 母音 — 母音まとめ

血 [ʌ]

Blood

[blʌ́d]

「oo」は
オウ [ou] ＋ア [ɑ]
もあるよ!

協力 [ɑ]

Cooperation
[kouàpəréiʃən]

Co | operation
コウ | アパレイシャン

「o」のスペルに
まどわされないよう
発音記号に沿って
発音してね!

Congratulations!

母音は以上だよ！
次は子音に
チャレンジ！

子音は
「アイウエオ」
以外の音です！

子音(しいん)は母音以外の音の集まり

① 破裂音(はれつおん)　（b / p / t / d / k / g）
② 摩擦音(まさつおん)　（f / v / θ / ð / ʃ / ʒ / s / z / h）
③ 破摩音(はさつおん)　（tʃ / dʒ）
④ 流音(りゅうおん)　　（l / r）
⑤ 接近音(せっきんおん)（w / j）
⑥ 鼻音(びおん)　　　　（m / n / ŋ）

🌳 子音は舌、歯、唇などを使って音を調整

破裂音

「b」と「p」を発音できますか?

TRACK32

日本語
ブ [bu]

b
[b]

「ウ」ないよ!

日本語
プ [pu]

p
[p]

「ウ」ないよ!

唇や舌など口の部位どうしが破裂して作る音を破裂音とよんでいるよ。
bとpは唇と唇を破裂して作る音。
bは「ブッ」と勢いよく、pは「プッ」と息だけ出すと [u] が入らないよ!

発音チェック！
口の部位を破裂させる破裂音

唇

① [b] **B**ook [búk] 本
「ブッ」と勢いよく唇と唇をはじきましょう。（有声音＝声を出す音）

② [p] **P**each [píːtʃ] モモ
①のBookの[b]と同じ方法で「ブ」の代わりに「プッ」と勢いよく唇と唇をはじき息だけ出しましょう。（無声音＝息だけの音）

舌と歯茎

③ [d] **D**esk [désk] 机
舌の先を上の歯茎に当て「ドゥッ」と勢いよくはじきましょう。（有声音）

④ [t] **T**oo [túː] 〜もまた
舌の先を上の歯茎に当て「トゥッ」と勢いよくはじき息だけ出しましょう。（無声音）

☆歯茎の位置はp.83のイラストを参照ください。

のど

⑤ [g] **G**ood [gúd] 良い
⑥の[k]と同じ方法で「クッ」の代わりに「グッ」と発音しましょう。（有声音）

⑥ [k] **C**ook [kúk] 料理する
口を楽にして「クッ」と勢いよく息だけ出しましょう。（無声音）

①〜⑥は後ろに母音が続くと日本人にとってやさしい発音になります。
日本語は「ぶ」、「ぷ」、「ど」、「と」、「ぐ」、「く」＝「bu」、「pu」、「do」、「to」、「gu」、「ku」のように、いずれも子音＋母音のセットになりますが、英語は後ろに母音が無い場合もありますので、母音を入れない子音単独の発音に慣れましょう。

歯茎は4〜5

舌で 3 → 5 の方向に
なぞってみて。
4〜5でボコっとしたかな？
そこが歯茎だよ！

[t] [d]

日本語「ら」
も 4〜5 だね！

☆ 4〜5の間は専門的には「口蓋ひだ」とよばれています。
　4 でも 5 でも同じ音が作れますので、歯茎近辺の発音しやすい位置で大丈夫です。

Part 2 ｜ 子音

破裂音

カタカナから発音練習

「ウォタ〜」は「ラ〜」？

TRACK34
(p.84-87)

水は「ウォタ〜」ではなく「ワラ〜」と発音しよう！

Water の発音記号は [wátər] ね！

「ワアタ〜」でもいいけど、「ワラ〜」ともよく発音されるね。

[t]の発音は
母音＋t＋母音の
順番に並ぶと
[t]がソフトな[d]
に変身します！

[wátər]
　　↖ラ

ソフトな[d]は
日本語ラ行とほぼ同じ
音なので、水は
「ワラ〜」になるんだね！

この現象を
フラッピング
といいます！

Part 2 ｜ 子音

破裂音

「t」はフラッピングします！

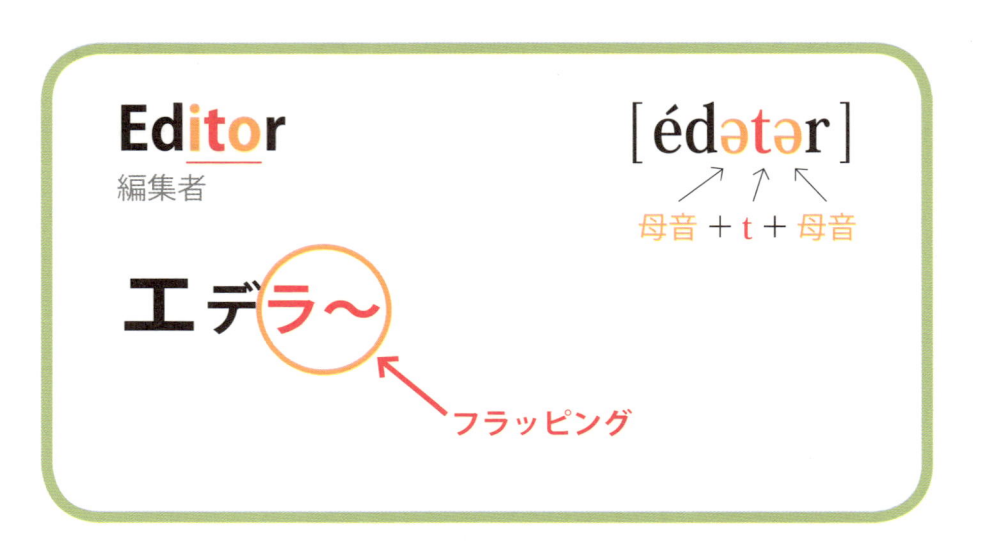

Editor
編集者

[édətr]
母音 ＋ t ＋ 母音

エデラ〜

← フラッピング

Doctor
医者

[dáktər]
子音 ＋ t ＋ 母音

ダクタ〜

[k] は子音
だからフラッピング
しませんよ!

Meeting 会議	[míːtiŋ]	ミーリング
Item 項目	[áitem]	アイレム
Better より良い	[bétər]	ベラ〜
Pattern パターン	[pǽtərn]	ピャラ〜ン
Forty 40	[fɔ́ːrti]	フォ〜リイ

などなど、他にもたくさんあります！

Guitar ギター	[gitάːr]	ギタ〜
Cafeteria 食堂	[kæ̀fətíəriə]	キャファティアウリア

☆ Guitar や Cafeteria のように [t] の後の母音にアクセントがある時はフラッピングしません。

Part 2 子音 破裂音

スペルから発音練習

TRACK35
(p.88-90)

スペル「d」の発音は [t]？

「見る」「Look」の過去形の「Looked」を「ルックド」と発音していませんか？

「Looked」の「ed」の発音は「ド」ではなく「ト」の息だけの音だね。
[lúkt]

日本語の「と」で発音すると「お」の母音が入ってしまうので気をつけましょう！

過去形の語尾の発音パターン

パターン① [d]

基本は [d] ね！

例：**Opened**
[óupənd]

過去形：開けた

パターン② [t]

語尾が「look」の [k] のように息だけ(無声音)の時は [d] ではなく [t] と発音するよ！

例：**Looked**
[lúkt]

過去形：見た

Part 2 子音

破裂音

パターン③ [id]

語尾が「nee**d**」のように [d] か「wan**t**」のように [t] の時の「ed」は [id] と発音しましょう！

例： **Need**ed
[níːdid]

過去形：必要だった

Wanted
[wántid]

過去形：欲しかった

パターン① [d]	パターン② [t]	パターン③ [id]
Lived [lívd] 住んだ	Danced [dǽnst] 踊った	Waited [wéitid] 待った
Called [kɔ́ːld] 呼んだ	Helped [hélpt] 手伝った	Lifted [líftid] 持ち上げた
Preferred [prifə́ːrd] より好んだ	Worked [wə́ːrkt] 働いた	Included [inklúːdid] 含んだ

スペルから発音練習

TRACK36

スペル「CH」の発音は [k] ?

スペル「K」は「Cook」のように基本 [k] だけれど、スペル「CH」も [k] になる単語があるよ！

Part 2 ｜ 子音

破裂音

「ch」= [k]

Chemistry [kéməstri]
化学

Character [kǽrəktər]
個性

Choir [kwáiər]
合唱団

摩擦音
「Think」と「Sink」を発音できますか？

TRACK37

シ[θ] → **Th**ink [θíŋk] 考える

シ[s] → **S**ink [síŋk] 沈む

舌や歯などの口の部位どうしが摩擦して作る音を摩擦音とよんでいるよ。「th」は舌と歯が摩擦、「s」は息が歯の隙間と摩擦して作る音。I think. が I sink. にならないように気をつけよう！

TRACK 38 (p.93-94)

発音チェック！
口の部位を摩擦させる摩擦音

前歯と下唇

① [f] **Foot** [fút] 足
下唇を上の前歯に当て「フッ」と強く摩擦させ息だけ出しましょう。（無声音＝息だけの音）

② [v] **Love** [lʌ́v] 愛
①の [f] と同じように唇を上の前歯に当て「フッ」の代わりに「ブッ」と摩擦させ発音しましょう。（有声音＝音ありバージョン）

ここでは浅すぎる
前歯を見せるのをはずかしがらずがんばろう！
この線より下の唇に前歯を当てよう！
この範囲内 GOOD！

舌と前歯

③ [θ] **Three** [θríː] 3
前歯より少し舌を出し、摩擦させながら舌先を引き戻して「ス」と息だけ出しましょう。（無声音）

④ [ð] **With** [wíð] 〜と共に
③の [θ] と同じように舌先を前歯に当て「ス」の代わりに「ズ」と摩擦させながら舌先を引き戻しましょう。（有声音）

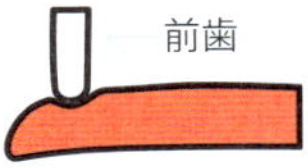

前歯　舌
舌を前歯より長く出す必要はないよ。摩擦できるくらいで十分だよ！

Part 2　子音

摩擦音

唇

⑤ [ʃ] She [ʃíː] 彼女
「た」「ち」「つ」と発音してみてください。「つ」の口の形です。
唇が丸く前に突き出ます。「シ」と息だけ出しましょう。（無声音）

⑥ [ʒ] Vision [víʒən] 視力
⑤の [ʃ] と同じ口の形で「シ」の代わりに「ジ」と発音しましょう。（有声音）

歯

⑦ [s] See [síː] 見る
上の歯と下の歯を閉じ、かすかに口を開いて、唇を動かさないで「シ」と息を出しましょう。（無声音）

> 日本語の「スィ」が⑦、「ジィ」が⑧の発音に近いね！

⑧ [z] Zipper [zípər] ジッパー
⑦の [s] と同じ口の形で「シ」の代わりに「ジ」と発音しましょう。（有声音）

> ⑤と⑥は唇を突き出すけれど、⑦と⑧は突き出さないよ！

⑨ [h] Hot [hát] 暑い・熱い
「ハッ」と強く息を出しましょう。（無声音）
☆通常の日本語「は」で通じます。

☆⑤の「つ」だと唇が丸く前に突き出ない場合は、「か」「き」「く」の「く」の形で試してください。唇が丸く前に突き出ることがコツです。

☆⑨の [h] は摩擦する音ではないので、定義上、摩擦音に属しませんが国際音声記号では摩擦音と位置づけられています。
「その他の記号」へ変更を提唱する音声学者もいます。

発音練習

Foot

スペル「f」は [f] と発音します。

[f]

Foot [fút]
足

Fat [fæt]
太った

Few [fjúː]
少ない

Fit [fít]
合う

Fix [fíks]
修理する

Fox [fɑ́ks]
キツネ

Five [fáiv]
5

Fight [fáit]
戦い

Fill [fíl]
満たす

Feel [fíːl]
触れる

Fire [fáiər]
火

First [fɚ́ːrst]
最初の

Fork [fɔ́ːrk]
フォーク

Family [fǽmli]
家族

After [ǽftər]
後に

Life [láif]
生命

Coffee [kɑ́ːfi]
コーヒー

Effort [éfərt]
努力

Staff [stǽf]
スタッフ

スペル「gh」

Laugh [lǽf]
笑う

Enough [inʌ́f]
十分な

スペル「ph」

Phil [fíl]
フィル(男性の名前)

Photograph [fóutəgræ̀f]
写真

WOW!
実際によくある話！

TRACK40

レストランでフォークを床に落としてしまったので「フォーク・プリーズ！」と頼むと出てきた物は…
「コーラ！」

fork…

coke…

Fork
[fɔ́ːrk]

Coke
[kóuk]

発音練習

Love

スペル「v」は [v] と発音します。

[v]

Love [lʌ́v] 愛	**Video** [vídiòu] ビデオ	**Have** [hǽv] 持つ
Vase [véis] つぼ	**Volume** [váljuːm] 容量	**Live** [lív] 住む
Vest [vést] ベスト	**Vegetable** [védʒtəbl] 野菜	**Receive** [risíːv] 受け取る
Very [véri] とても	**Victory** [víktəri] 勝利	**Save** [séiv] 保存する
View [vjúː] 考え	**Advice** [ædváis] アドバイス	**Move** [múːv] 動く
Visit [vízit] 訪問する	**Even** [íːvən] 平らな	**Never** [névər] 一度も〜ない
Vote [vóut] 投票	**Ever** [évər] 常に	**Oven** [ʌ́vən] オーブン
Voice [vɔ́is] 声	**Five** [fáiv] 5	**TV** [tíːvíː] テレビ

Part 2 子音

摩擦音

TRACK42

WOW!
実際によくある話！

「バニラシェイク・プリーズ！」
出てきたシェイクは…
「バナナシェイク！」

vanilla…　banana…

Vanilla
[vənílə]

Banana
[bənǽnə]

098

発音練習

Think

スペル「th」は [θ] と発音します。

[θ]

Think [θíŋk] 考える	**B**a**th** [bǽθ] 入浴	**M**ou**th** [máuθ] 口
Thing [θíŋ] 物	**B**o**th** [bóuθ] 両方の	**My**th [míθ] 作り話
Thin [θín] 薄い	**F**if**th** [fífθ] 5番目の	**T**oo**th** [túːθ] 歯（単数形）
Thick [θík] 厚い	**F**or**th** [fɔ́ːrθ] 前へ	**T**ee**th** [tíːθ] 歯（複数形）
Thank [θǽŋk] 感謝する	**H**eal**th** [hélθ] 健康	**A**ny**th**ing [éniθìŋ] 何でも
Theme [θíːm] テーマ	**P**a**th** [pǽθ] 道	**S**ome**th**ing [sʌ́mθìŋ] 何か
Theory [θíːəri] 理論	**S**ou**th** [sáuθ] 南	**E**very**th**ing [évriθìŋ] 全てのもの
Through [θrúː] 通して	**N**or**th** [nɔ́ːrθ] 北	**B**ir**th**day [bə́ːrθdèi] 誕生日

Part 2 子音

摩擦音

発音練習

Th is

スペル「th」は [ð] と発音します。

[ð]

This [ðís]
これ

That [ðǽt]
あれ

These [ðíːz]
これら

Those [ðóuz]
あれら

Than [ðǽn]
～より

Then [ðén]
あの時

They [ðéi]
彼・彼女たち

There [ðéər]
そこの

Though [ðóu]
～にもかかわらず

Although [ɔːlðóu]
たとえ～でも

Another [ənʌ́ðər]
もう一つの

Other [ʌ́ðər]
他の

Father [fɑ́ːðer]
父

Mother [mʌ́ðər]
母

Brother [brʌ́ðər]
兄・弟

Bother [bɑ́ðər]
悩ます

Further [fə́ːrðər]
もっと遠くに

Rather [rǽðər]
いくぶん

Gather [gǽðər]
集める

Weather [wéðər]
天気

Without [wiðáut]
～なしに

With [wíð]
～と

Clothe [klóuð]
着せる

Smooth [smúːð]
すべすべした

発音練習

She

[ʃ]

スペル「sh」は [ʃ] と発音します。

She [ʃíː]
彼女

Sheet [ʃíːt]
シート

Ship [ʃíp]
船

Shop [ʃάp]
店

Show [ʃóu]
見せる

Shower [ʃáuər]
シャワー

Shade [ʃéid]
陰

Short [ʃɔ́ːrt]
短い

Dish [díʃ]
お皿

Fish [fíʃ]
魚

Rush [rʌ́ʃ]
急ぐ

スペル「ch / c」

Chef [ʃéf]
シェフ

Machine [məʃíːn]
機械

Special [spéʃəl]
特別な

Suspicious [səspíʃəs]
怪しい

スペル「ss」

Mission [míʃən]
任務

Session [séʃən]
セッション

Discussion [diskʌ́ʃən]
話し合い

スペル「tion / sion」

Information [ìnfərméiʃən]
情報

Situation [sìtʃuéiʃən]
場合

Station [stéiʃən]
駅

Mansion [mǽnʃən]
大邸宅

Part 2 | 子音

摩擦音

スペルから発音練習

シャン [ʃən] のスペルは？

TRACK46
(p.102-103)

シャン [ʃən] のスペルは
「Sta**tion**」のように基本
「**-tion**」だけれど、
「**-tian**」「**-ssion**」「**-xion**」
のような
例外もあるよ！

シャン
[ʃən]

Egyp**tian** [idʒípʃən]
エジプトの

Pa**ssion** [pǽʃən]
情熱

Comple**xion** [kəmplékʃən]
顔色

スペルから発音練習

スペル「Ci」の「C」の発音は?

[s] [ʃ]

スペル「Ci」の「C」の発音は [s] と [ʃ] に分かれるよ!
「City」を [ʃ] で発音していないかな?

[s]

[ʃ] で発音すると卑語の「Shitty」に変身 (>_<)

[ʃ]

City [síti]
市

Magician [mədʒíʃən]
手品師

Medicine [médəsn]
薬

Social [sóuʃəl]
社会的な

Part 2 子音

摩擦音

カタカナから発音練習　　　　　　　　TRACK47

日本語「サ行」の発音は3つに分かれます！

[s]　　　[ʃ]　　　[θ]

スペル「s」

Safe [séif]
安全な

Sell [sél]
売る

School [skúːl]
学校

スペル「sh」

Shake [ʃéik]
握手する

Shape [ʃéip]
形

Sheet [ʃíːt]
シーツ

スペル「th」

Thank [θǽŋk]
感謝する

Throw [θróu]
投げる

Thin [θín]
薄い

スペル「c」

CD [síːdí]
CD

Center [séntər]
中心

Circle [sə́ːrkl]
円

スペル「-ion」

Sta**tion** [stéiʃən]
駅

Mi**ssion** [míʃən]
任務

Cu**shion** [kúʃən]
クッション

カタカナから発音練習

日本語「ザ行」の発音は？

[z]　[ʒ]　[ð]

スペル「z」

Zero　[zírou]
ゼロ

Zipper　[zípər]
ジッパー

Zoo　[zúː]
動物園

スペル「s」

Mu**s**ic　[mjúːzik]
音楽

De**s**ign　[dizáin]
デザイン

Play**s**　[pléiz]
遊ぶ・3単現のs

スペル「th」

This　[ðís]
これ

Then　[ðén]
あの時

The
冠詞：あの

　[ðə]　子音の前では「ザ」

　[ði]　母音の前では「ジ」
　　　　強調したい子音の前
　　　　では「ジ」

☆[ʒ]は語中、語尾のみに使われ、この[ʒ]を含む単語は数少ないです。語尾が「ge」のフランス語rouge（ルージュ）や語尾が「sion」のdecision（決定）に[ʒ]が含まれています。

Part 2 ｜ 子音

摩擦音

ザ? クイズ

① **The ear** [íər]
② **The year** [jíər]
③ **The hour** [áuər]
④ **The SUV** [és júː víː]
⑤ **The RSA** [áːr és éi]

The の解答

冠詞：あの

子音の前の The は「ザ」[ðə] ➡ ②
母音の前の The は「ジ」[ði] ➡ ① ③ ④ ⑤
強調したい子音の前の The は「ジ」[ði] ➡ ②

スペルから発音練習

スペル「s」の発音は [z] ?

「机」の複数形の「Desks」を「デスクズ」と発音していませんか?

「Desks」の「s」の発音は「ズ」ではなく [s] の息だけの音（無声音）だね。
[désks]

日本語の「す」で発音すると「う」の母音が入ってしまうので気をつけてね!

Part 2 子音

摩擦音

名詞複数形の語尾の発音パターン

パターン① [z]

基本は [z] ね！

例：**Dogs**
[dɔ́ːgz]
犬

パターン② [s]

語尾が「desk」の [k] のように息だけ(無声音)の時は [z] ではなく [s] と発音するよ！

例：**Desks**
[désks]
机

パターン③ [iz]

語尾が「qui**z**」のように [z] か「fa**ce**」のように [s] の時の「**es**」は [iz] で発音しましょう！

例：**Quizzes**
[kwíziz]
クイズ

Faces
[féisiz]
顔

Part 2 ｜ 子音　摩擦音

パターン① [z]	パターン② [s]	パターン③ [iz]
Birds [bə́ːrdz] 鳥	Events [ivénts] イベント	Churches [tʃə́ːrtʃiz] 教会
Letters [létərz] 手紙	Chopsticks [tʃápstìks] お箸	Addresses [ǽdresiz] 住所
Trains [tréinz] 列車	Shops [ʃáps] お店	Garages [gərάːdʒiz] ガレージ

109

3 単現の「s」の発音パターン

パターン① [z]

基本は [z] ね！

例：Open**s**
[óupən**z**]
開ける

パターン② [s]

語尾が「loo**k**」の [k] のように息だけ（無声音）の時は [z] ではなく [s] と発音するよ！

例：Look**s**
[lúk**s**]
見る

パターン③ [iz]

語尾が「clo**se**」のように [z] か「mi**ss**」のように [s] の時の「**es**」は [iz] で発音しましょう！

例： **Clos**es
[klóuziz]
閉める

Misses
[mísiz]
逃す

Part 2 ｜ 子音

摩擦音

パターン① [z]	パターン② [s]	パターン③ [iz]
Lives [lívz] 住む	Takes [téiks] 持って行く	Touches [tʌ́tʃiz] 触れる
Stays [stéiz] 滞在する	Makes [méiks] 作る	Washes [wáʃiz] 洗う
Swims [swímz] 泳ぐ	Likes [láiks] 好き	Changes [tʃéindʒiz] 変える

スペルから発音練習

「Use」を発音してみよう！

「Use」は
「ユウーズ」？
「ユウース」？

両方正解です！

名詞は [juːs]
動詞は [juːz]
3単現の「s」を
付けると
[juːziz]！

☆形容詞「Useful」は [júːsfəl]！

破擦音

[t] [d] [ʃ] [ʒ] の発音を覚えていますか？

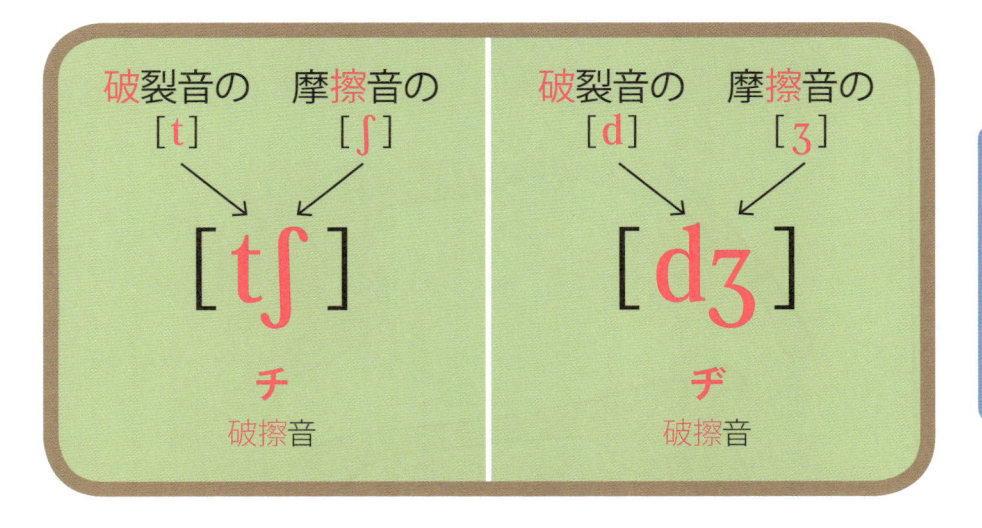

破裂音の [t] 　 摩擦音の [ʃ]
→ [tʃ] ←
チ
破擦音

破裂音の [d] 　 摩擦音の [ʒ]
→ [dʒ] ←
ヂ
破擦音

破裂音の舌打ちと摩擦音の口の形を同時にして作る音が破擦音だよ。
破裂と摩擦を同時にするので日本語の「チ」と「ヂ」よりも強く素早い音が出るよ！

[tʃ] [dʒ] は [t] [d] と同じ歯茎の位置をはじく

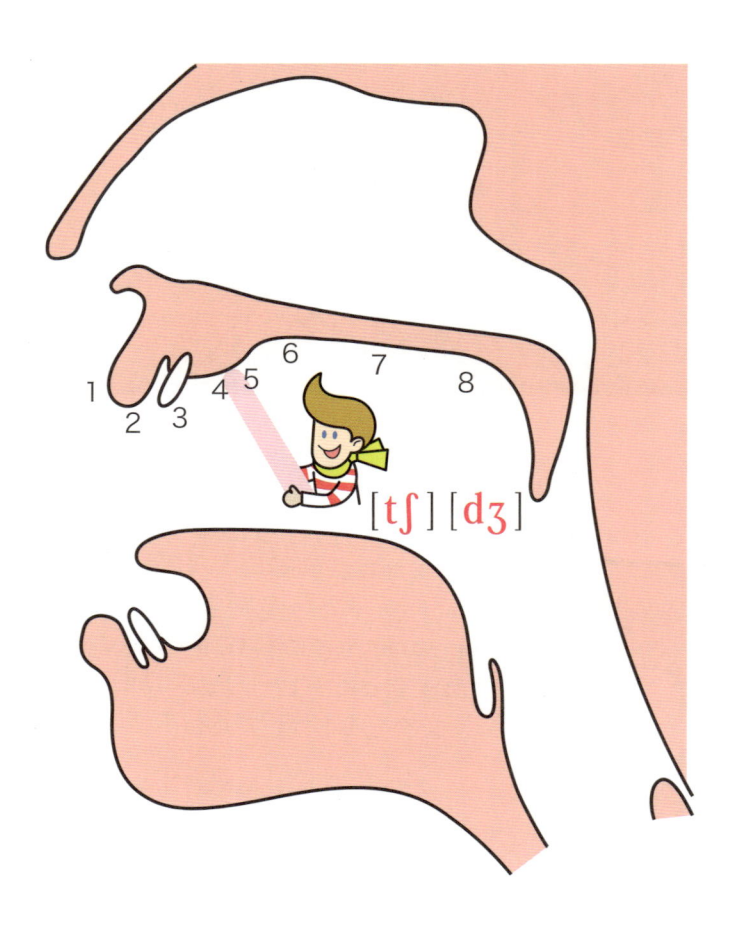

TRACK51

発音チェック！
破裂と摩擦をミックスする破擦音

① [tʃ] **Ch**ange [tʃéindʒ]
変える

口の形は摩擦音の「**Sh**e」の [ʃ]、舌は破裂音の「**T**oo」の [t] の方法で「チ」と息だけ出しましょう。
（無声音）
☆通常の日本語「ち」で通じます。

> 日本語「ち」は舌が歯茎に軽く当たるけど、英語は強く当たるよ。「チッ、チッ、チッ」と強く当ててリズムを付けて練習してみて！

② [dʒ] **J**apan [dʒəpǽn]
日本

①の「**Ch**ange」の [tʃ] と同じ方法で「チ」の代わりに「ヂ」と発音しましょう。
（有声音）
☆通常の日本語「ぢ」では通じない場合があります。

> 上の「チッ、チッ、チッ」の代わりに「ヂッ、ヂッ、ヂッ」で練習してみて！

Part 2 子音

破擦音

スペルから発音練習　　　　　　　　　　　　TRACK 52 (p.116-117)

スペル「G」と「J」の発音は？

[g]　　　　　　　　[dʒ]

スペル「G」= [g]、
スペル「J」= [dʒ]
が基本だよ！

スペル「g」

Gate　[géit]
門

Go　[góu]
行く

Girl　[gə́ːrl]
少女

スペル「j」

Jacket　[dʒǽkit]
ジャケット

Joke　[dʒóuk]
冗談

Jump　[dʒʌ́mp]
跳ぶ

[dʒ]

スペル「G」は [dʒ]
にもなります！

スペル「gi」

Imagine
[imǽdʒin]
想像する

スペル「gy」

Gym　[dʒím]
体育館

Gyp　[dʒíp]
ぺてん

Gymnastic
[dʒimnǽstik]
体操の

スペル「ge」

General　[dʒénərəl]
一般の

Gender　[dʒéndər]
性別

German
[dʒə́ːrmən]
ドイツの

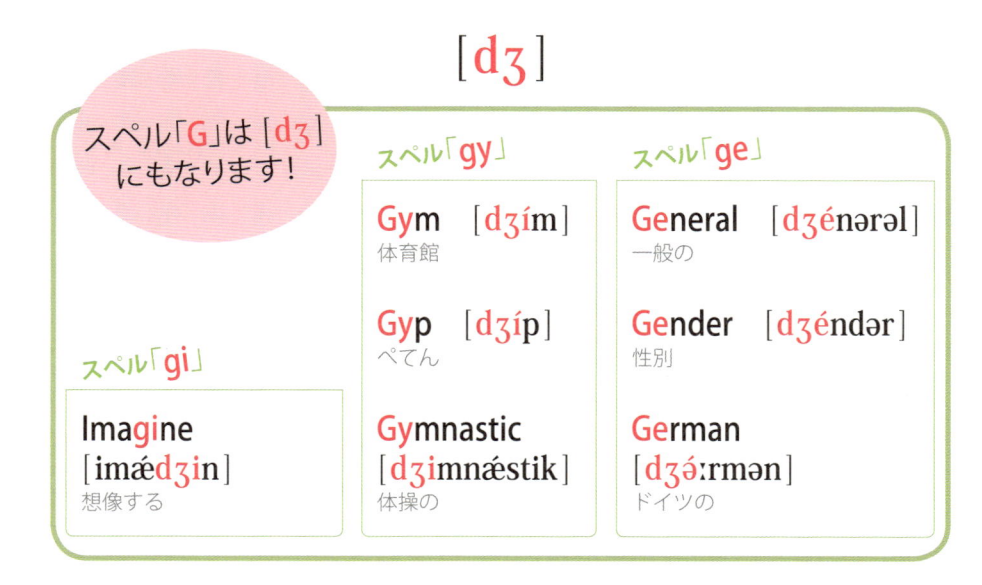

スペルから発音練習

スペル「-tion」を発音してみよう!

[-tion]のスペルは「Station」のように基本シャン [ʃən] だけれど、チャン、ジャンのような例外もあるよ!

シャン
[ʃən]

Station [stéiʃən]
駅

チャン
[tʃən]

Question [kwéstʃən]
質問

ジャン
[ʒən]

Equation [ikwéiʒən]
方程式

質問の Question を「クゥエシャン」と発音すると通じない時があります!「シャン」ではなく「クゥエチャン」です!

Part 2 子音

破擦音

117

流音①
前・中・後の「エル」を発音できますか？

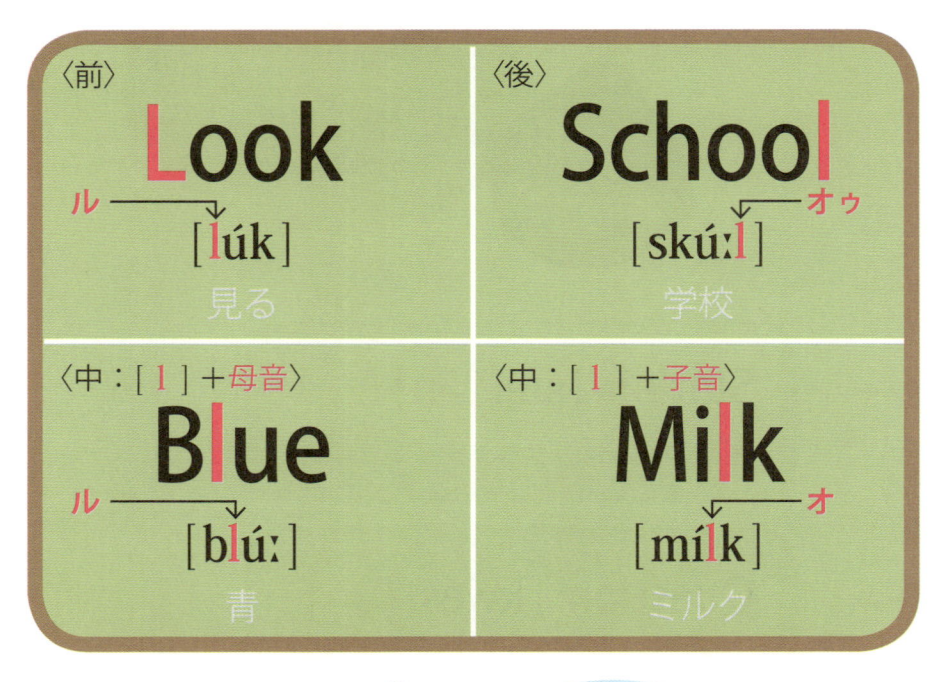

TRACK53

〈前〉
Look
ル →
[lúk]
見る

〈後〉
School
→ オゥ
[skúːl]
学校

〈中：[l]＋母音〉
Blue
ル →
[blúː]
青

〈中：[l]＋子音〉
Milk
→ オ
[mílk]
ミルク

エルの発音は子音のラ行以外にも母音の「オゥ」や「オ」の発音にもなるよ！

ラ行の[l]は舌を前歯に
　　しっかり当てよう!

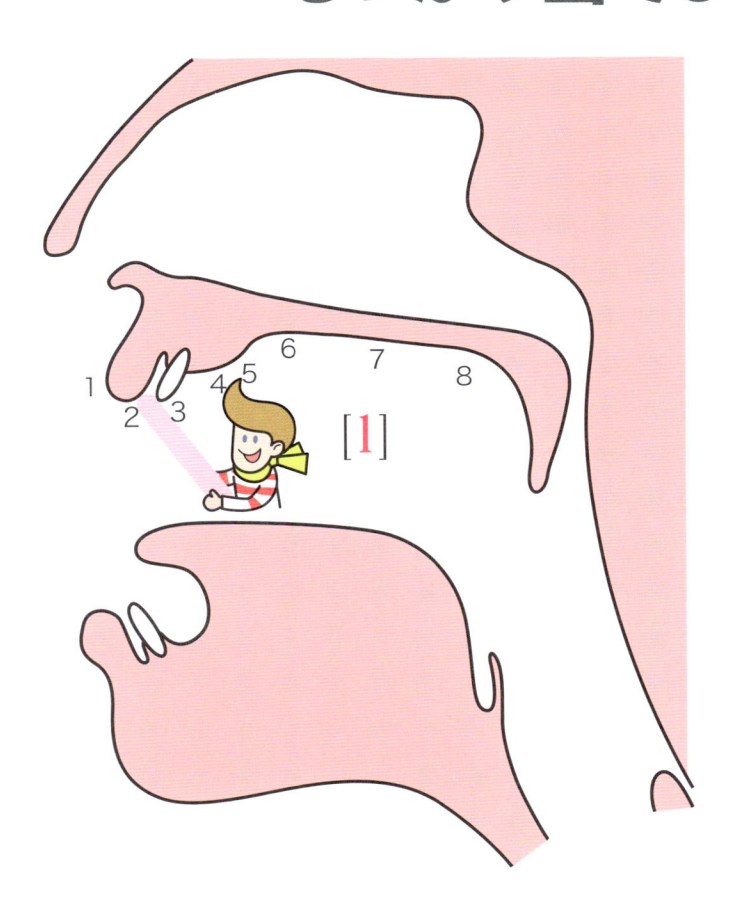

☆発音の参考書の多くは上の歯先ではなく4と5の間の歯茎に付けるよう勧めていますが、舌先を固定して舌の両脇から出す音なので、どちらの方法でも同じです。上の前歯先の方が日本人には発音しやすく、きれいにエルを発音できると思います。

発音チェック！
舌の両脇から音を出す流音

① [l] **Look** [lúk]　前歯より少し舌を出し、歯先に付けながら「ラ、リ、
　　　　見る　　　　　ル、レ、ロ」で発音しましょう。
　　　　　　　　　　　☆前歯の位置はp.119のイラストを参照ください。

〔語尾に [l] が入る場合〕

School　[skúːl]

「l」が語尾にくる場合は「オゥ」と発音して「ゥ」のタイミングで舌を前歯に当てましょう。

> Specialも
> Wonderfulも「オゥ」なんだね！

〔中間に [l] が入る場合〕

＜ [l] ＋母音＞

Bl**ue**　[blúː]　ブルー

エルは後ろの母音に合わせて「ラ、リ、ル、レ、ロ」で発音しましょう。
「ラ、リ、ル、レ、ロ」のタイミングで舌を前歯に当てましょう。

＜ [l] ＋子音＞

Mil**k**　[mílk]

[l] は小さく前の母音に添えて「ォ」と発音しましょう。
Milk　[mílk] → [mィォk]　　ミォク
「オ」のタイミングで舌を軽く前歯に当てましょう。

> 「オゥ」「ォ」は
> 短母音の [ə] の口で！

発音練習 [1]

Look

スペル「l」は [1] ラ行で発音します。

[l] ＝ラ行

前

Look [lúk]
見る

Last [lǽst]
最後の

Like [láik]
好き

Live [lív]
住む

Listen [lísn]
聞く

Lose [lúːz]
なくす

Long [lɔ́ːŋ]
長い

中：[l] ＋母音

Blue [blúː]
青

Along [əlɔ́ːŋ]
〜に沿って

Black [blǽk]
黒い

Choco**l**ate [tʃɔ́ːkələt]
チョコレート

Fami**l**y [fǽmli]
家族

Glad [glǽd]
嬉しい

Prob**l**em [prábləm]
問題

スペルから発音練習

「ホテル」を発音してみよう！

TRACK56
(p.122-123)

Hotel

Hotel
[houtél]

[houtél]
語末のエルは
「ォゥ」なので
「ホウテォゥ」！

語尾のエルを
ラ行で発音
していないかな?

エルは
「オゥ」!

[子音+ l]		間違い例	正解
① Couple	[kʌ́pl]	カップル	カッポォゥ
② Table	[téibl]	テーブル	ティボォゥ
③ Local	[lóukl]	ローカル	ロゥコォゥ
④ Single	[síŋgl]	シングル	シンゴォゥ
⑤ Bottle	[bátl]	ボトル	バロォゥ
⑥ Middle	[mídl]	ミドル	ミドォゥ
⑦ Beautiful	[bjúːtəfl]	ビューティフル	ビューラフォゥ
⑧ Carnival	[káːrnəvl]	カーニバル	カ〜ナヴォゥ
⑨ Minimal	[mínəml]	ミニマル	ミニモォゥ
⑩ Terminal	[tə́ːrmənl]	ターミナル	タ〜ミノォゥ

☆ここでは語尾の発音に特化する為、カタカナにはアクセントの強弱は付いていません。

Part 2 子音

流音

[スペルから発音練習]

TRACK57
(p.124–126)

「Bottle」の発音は「バロオゥ」！

Bottle
[bátl]

ボトルは ×、**バロオゥ**が ○ です！

[t] は母音にはさまれるとラ行に変身するのを覚えているかな？ エルは母音「オゥ」の性質も持っているので、「t」は「ト」ではなくラ行の「ロ」にフラッピングするよ！「ボトル」は「バロオゥ」！

エルは語尾にくると「オゥ」です！

[子音＋l]	
① [pl]	ポオゥ
② [bl]	ボオゥ
③ [kl]	コオゥ
④ [gl]	ゴオゥ
⑤ [tl]	ロオゥ
⑥ [dl]	ドオゥ
⑦ [fl]	フオゥ
⑧ [vl]	ヴオゥ
⑨ [ml]	モオゥ
⑩ [nl]	ノオゥ

Part 2 ｜ 子音

流音

[ə + l] も先程の「オゥ」のパターンだよ!

[ə + l]		例		
[ʃəl]	ショオゥ	spe**cial**	特別な	[spéʃəl]
[ʒwəl]	ジュオゥ	u**sual**	いつもの	[júːʒwəl]
[dʒəl]	ジョオゥ	cor**dial**	心からの	[kɔ́ːrdʒəl]
[kwəl]	クオゥ	e**qual**	等しい	[íːkwəl]

「ジュオゥ」[ʒwəl] と「クオゥ」[kwəl] には [w] が入っているね。[w] は「グライド」(渡り音)とよばれていて、なめらかに音をつなげてくれる役目があります!

間違い例	正解
スペシャル	スペショオゥ
ユージュアル	ユージュオゥ
コーデアル	コージョオゥ
イコール	イークオゥ

☆ここでは語尾の発音に特化する為、カタカナにはアクセントの強弱は付いていません。

スペルから発音練習

「カルシウム」を発音してみよう!

TRACK 58

Calcium

Calcium
[kǽlsiəm]

[kǽlsiəm]
真ん中のエルは
後ろに母音が無い時は
「ォ」なので
「キャォシアム」!

Part 2 子音

流音

発音練習

School [l]

スペル「l」は語尾は「オゥ」、中間＋子音は「ォ」と発音します。

[l] =「オゥ」

後

School [skúːl]
学校

Cool [kúːl]
涼しい

Goal [góul]
目標

Fill [fíl]
満たす

Sell [sél]
売る

Tell [tél]
言う

Tall [tɔ́ːl]
背の高い

[tl] =「ロオゥ」

Metal [métl]
金属

Title [táitl]
タイトル

Little [lítl]
小さい

[dl] =「ドオゥ」

Medal [médl]
メダル

Pedal [pédl]
ペダル

Candle [kǽndl]
キャンドル

[l] =「ォ」

中 [l] ＋子音

Milk [mílk]
ミルク

Belt [bélt]
ベルト

Melt [mélt]
溶ける

Child [tʃáild]
子供

Cold [kóuld]
寒い

Golf [gálf]
ゴルフ

Self [sélf]
自分自身

流音 ②
前・中・後の「アール」を発音できますか？

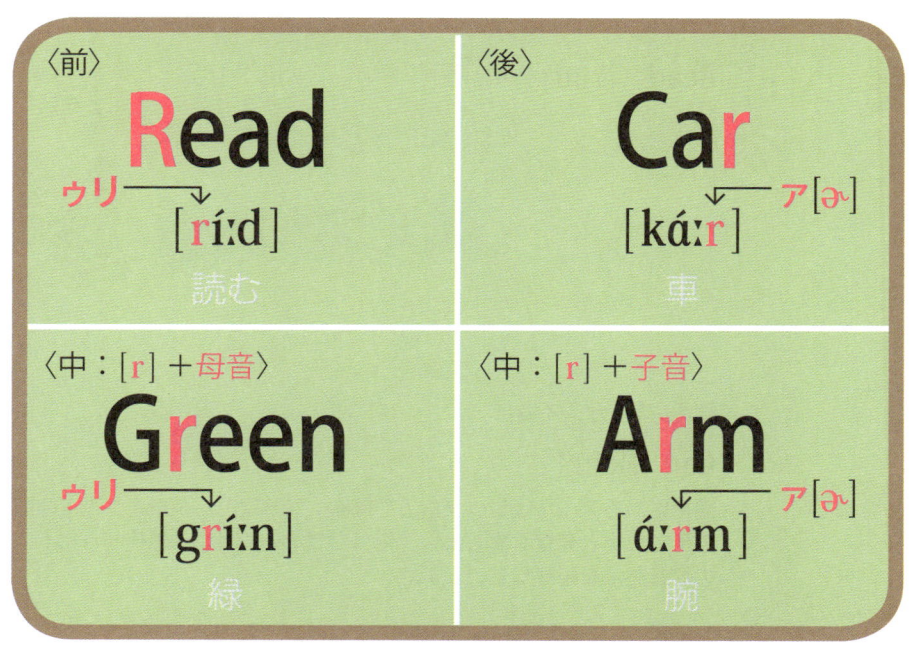

TRACK60

〈前〉
Read
ウリ → [ríːd]
読む

〈後〉
Car
ア[ɚ] [káːr]
車

〈中：[r] +母音〉
Green
ウリ → [gríːn]
緑

〈中：[r] +子音〉
Arm
ア[ɚ] [áːrm]
腕

アールの発音は**ウ+ラ行**以外に、「**ア**」の発音にもなるよ！

発音チェック！
母音と子音をミックスする流音

① [r]　**R**ead　[ríːd]
　　　　読む

「r」の発音の直前に「ゥ」を入れて舌を後ろに引っ張り、「ゥラ、ゥリ、ゥル、ゥレ、ゥロ」と発音しましょう。

> アールの発音の時は舌はどこにも当たらないよ！

【語尾に [r] が入る場合】

Car　[káːr]　　カ〜

語尾にあるアールはしっかり舌を後ろに引っ張り、短母音ア [ə] の口の形で「ァ」と発音しましょう。海外辞書の一部は [r] の代わりに [ɚ] の発音記号を記載しています。

【中間に [r] が入る場合】

＜ [r] ＋母音＞

Green　[gríːn]　　グゥリーン

Read と同じように母音に合わせて「ゥ」を入れて「ゥラ、ゥリ、ゥル、ゥレ、ゥロ」と発音しましょう。

＜ [r] ＋子音＞

Arm　[áːrm]　　ア〜ム

Car と同じようにアールはしっかり舌を後ろに引っ張り、短母音ア [ə] の口の形で「ァ」と発音しましょう。

[r]は舌を後方に引っ張ろう！

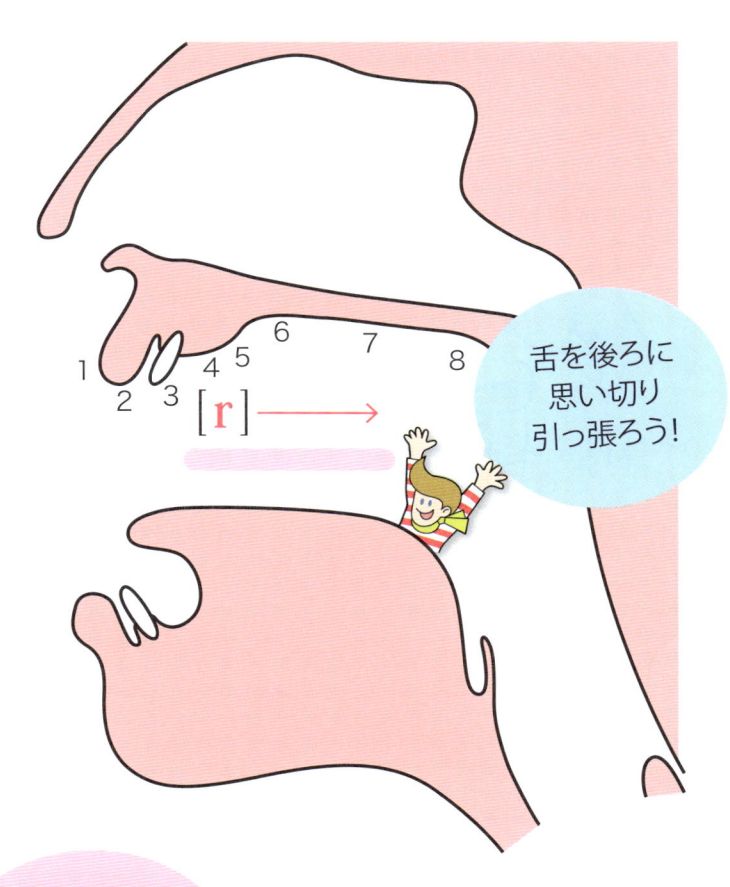

1 2 3 4 5 6 7 8 [r]→

舌を後ろに思い切り引っ張ろう！

舌がどの番号にも触れないようにしっかり引っ張ってね！

Part 2 子音

流音

改めて [l] と比較してみよう!

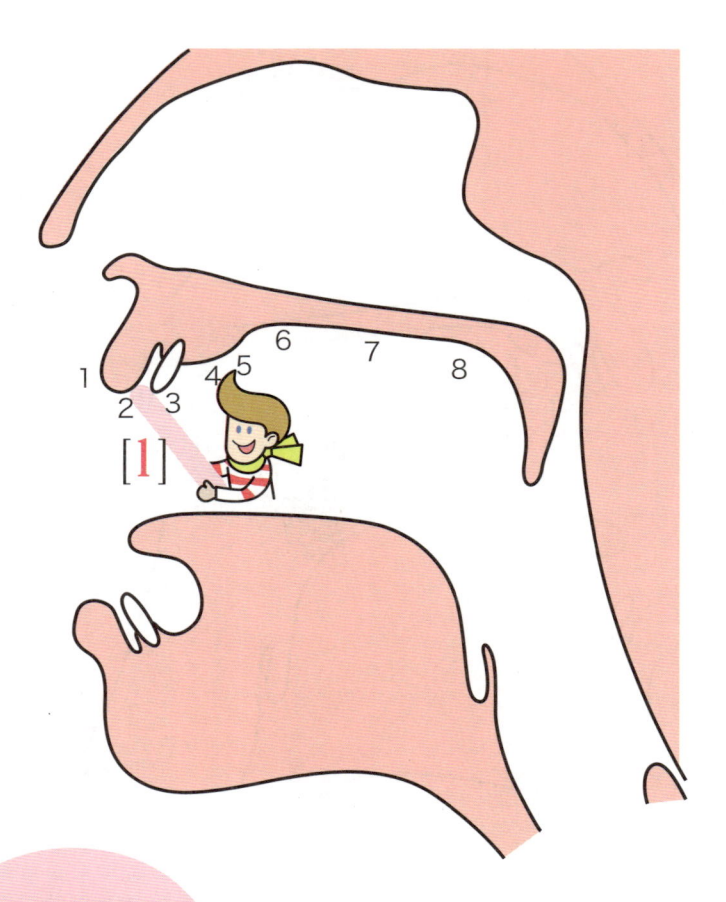

エルは舌が
上前歯の歯先に
しっかり触れます!

スペルから発音練習　　　　　　TRACK62

「ライス」を発音してみよう！

Rice

Rice
[ráis]

エルで発音しちゃうとシラミだよ！

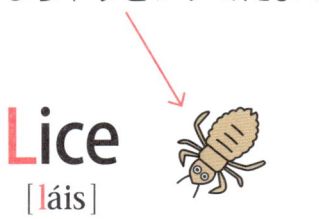

Lice
[láis]

[ráis]
アールの前に「ゥ」を入れたかな？「ゥライス」！

Part 2 ｜ 子音

流音

発音練習

Read

スペル「r」は**ウ＋ラ行**で発音します。

[r]

[r] ＝「ウ＋ラ行」

前

- Read [ríːd] 読む
- Ray [réi] 光線
- Red [réd] 赤い
- Rip [ríp] 引き裂く
- Rock [rák] 石
- Rule [rúːl] 規則
- Rush [rʌ́ʃ] 急ぐ

中：[r]＋母音

- Green [gríːn] 緑
- Fry [frái] 炒める
- Try [trái] 試す
- Friend [frénd] 友達
- Grow [gróu] 育つ
- Ground [gráund] 地面
- Prepare [pripéər] 用意する

スペルから発音練習

TRACK64

「彼女の・Her」を発音してみよう！

Her

[hər]

口の形の変化

= ⇒ = ⇒ =
h　ə　r

☆ [h] は後ろの母音と同じ口の形になります。

[hər]
アールは前の [ə] と同じ口の形のまま舌を後ろに引っ張り「ハ〜」！

Part 2 ｜ 子音

流音

「アー R」は2つに分かれるよ!

カタカナ	発音記号	口の形の変化
アー R	[əːr]	= ⇨ = ⇨ =
	[ɑːr]	▭ ⇨ ▭ ⇨ =
オー R	[ɔːr]	◎ ⇨ ◎ ⇨ =

「オー R」の「オ」は日本語「よ」のように唇を前方に突き出して発音しましょう!

発音練習

[ɚ]   [əːr]

スペル「er」は基本的に [ɚ] または [əːr] と発音します。

口をかすかに開けて（＝短母音のア [ə] の口の形）後方に舌を引っ張り、低い音で「ァ〜」と発音しましょう。舌はどこにも当たりません。

Water [wátɚ]
水

Better [bétɚ]
より良い

Summer [sʌ́mɚ]
夏

Dancer [dǽnsɚ]
ダンサー

その他

Doctor [dáktɚ]
医者

Actor [ǽktɚ]
俳優

Sugar [ʃúgɚ]
砂糖

口をかすかに開けて（＝短母音のア [ə] の口の形）後方に舌を引っ張り、低い音で「ァ〜」と発音しましょう。舌はどこにも当たりません。

Her [hə́ːr]
彼女の

Were [wə́ːr]
Be 動詞の過去形

その他

Girl [gə́ːrl]
女の子

Early [ə́ːrli]
早く

Work [wə́ːrk]
働く

World [wə́ːrld]
世界

Turn [tə́ːrn]
回す

☆伝統的に work を [wə́ːrk] で表記していますが、実際の会話では [wɔ́ːrk] と発音するネイティブは多いです。

発音練習

[ɑːr]

スペル「ar」は基本 [ɑːr] で発音します。

[ɑ] の「ア」は口を大きく開け、舌を後ろに引っ張りながらスムーズにア [ə] の口の形に移動し、「ア〜ァ」と発音しましょう。

Arm [ɑ́ːrm]
腕

Car [kɑ́ːr]
車

Card [kɑ́ːrd]
カード

Star [stɑ́ːr]
星

Start [stɑ́ːrt]
始める

Hard [hɑ́ːrd]
硬い

その他

Heart [hɑ́ːrt]
心臓

[ɔːr]

スペル「or」は基本 [ɔːr] で発音します。

[ɔ] の「オ」は口を大き開けずに、舌を後ろに引っ張りながらスムーズにア [ə] の口の形に移動し、「オ〜ァ」と発音しましょう。

Or [ɔ́ːr]
または

For [fɔ́ːr]
〜の為に

Door [dɔ́ːr]
ドア

Befor**e** [bifɔ́ːr]
前に

North [nɔ́ːrθ]
北

Short [ʃɔ́ːrt]
短い

その他

War**m** [wɔ́ːrm]
暖かい

WOW!
実際によくある話！

「ビール・プリーズ！」
出てきた物は…
「請求書！」

Beer…　　　　Bill…

Beer　　　　**Bill**
[bíər]　　　　　[bíl]

接近音

発音チェック！
母音に移る前に瞬間的に発音される接近音

TRACK68

① [w]　What　[wʌ́t]
　　　　何

おちょぼ口を作り「w」の発音の直前に「ゥ」を入れて「ゥ＋次の母音」で発音しましょう。
What はおちょぼ口＋「ゥ＋ʌ」です。

鏡の前で
「ゥワッ、ゥワッ、ゥワッ」と
言ってみて！
「ゥワッ」はおちょぼ口から始まるよ！
次は鏡を見ながら「木」の
「Wood」[wúd] を発音してみて。
「ゥワッ」と同じように
おちょぼ口になっていたら
GOOD だよ！

Winter の [wi] や
Wood の [wu] の [w]、
忘れずに
唇を突き出そうね！

② [j]　You　[júː]
　　　　あなた

舌の真ん中を持ち上げて発音します。
☆通常の日本語「ヤ」行の発音で通じます。

スペルから発音練習

スペル「QU」の発音は [kw]？

[w] のスペルは「Winter」のように基本「W」だけれど、スペル「QU」の「U」の発音も [w] だよ！

「qu」= [kw]

Quality [kwáləti]
品質

Queen [kwíːn]
女王

Equal [íːkwəl]
等しい

Part 2 | 子音

接近音

[j]と[w]は
「母音＋母音」を
なめらかにつなげる
掛け橋「渡り音」
にもなるよ！

渡り音
[j]

母音　　　母音

渡り音
[w]

母音　　　母音

[母音　母音 ＋ r]に渡り音を入れてみよう！

[j]
[iər]
「イャア～」

[j]
[eər]
「エャア～」

[w]
[uər]
「ウワア～」

発音練習 [二重母音＋r]

渡り音はさりげなく挿入するといいよ！

[j]　　　　　[j]　　　　　[w]
[iər]　　　　[eər]　　　　[uər]

「イ」をはっきり発音し、[ər] = [ɚ] を付け加えましょう。

Ear [íər] 耳
Clear [klíər] 澄んだ
Near [níər] 近く
Hear [híər] 聞く
Here [híər] ここに
Beer [bíər] ビール
Deer [díər] 鹿

「エ」をはっきり発音し、[ər] = [ɚ] を付け加えましょう。

Air [éər] 空気
Hair [héər] 髪
Pair [péər] 一組
Chair [tʃéər] 椅子
Their [ðéər] 彼・彼女らの
There [ðéər] そこの
Share [ʃéər] 分け前

「ウ」をはっきり発音し、[ər] = [ɚ] を付け加えましょう。

Cure [kjúər] 医療
Sure [ʃúər] 確信して
Pure [pjúər] 純粋な
Your [júər] あなたの
Tour [túər] 巡回
Poor [púər] 貧しい
Moor [múər] 荒地

☆「イ」は横に口を開く二重母音の時と同じ口の形です。(日本語「い」でも通じます)
☆「ウ」はWにスムーズに移れるようおちょぼ口の長母音「ウ」と同じ口の形です。
☆ Your と Poor の [uər] は [ɔːr] ともよく発音されます。

鼻音

「Sing」の「ng」を発音できますか？

TRACK71

日本語
ング [ŋu]

Sing

[síŋ]

歌う

「ウ」ないよ!

[ŋ] は「ング」ではなく「ンガ」だよ。
[ŋ] の後に「隠れァ」がひそんでいるよ!

TRACK72

発音チェック！
鼻から音を出す鼻音

① [m] **M**ake [méik] 作る
日本語の「マ行」と同じです。Simpleのような子音の前のMや、Momのような語末のMは、口を閉じて鼻で軽く「ン」と発音しましょう。

② [n] **N**ice [náis] 素敵な
日本語の「ナ行」とほぼ同じです。Mondayのような子音の前のNや、Sunのような語末のNは、かすかに口を開け舌の先を歯茎に付けながら鼻で軽く「ン」と発音しましょう。

③ [ŋ] Si**ng** [síŋ] 歌う
口を軽く開け鼻から「ンガ」と発音しましょう。「ガ」の「ァ」を隠すように発音しましょう。

まずは、Sing**a** [síŋə] だと思って「シンガ」と3回発音し、4回目に「ァ」を抜いてSing [síŋ] と発音してみよう！

Part 2 子音

鼻音

[n] は舌を歯茎に当てよう!

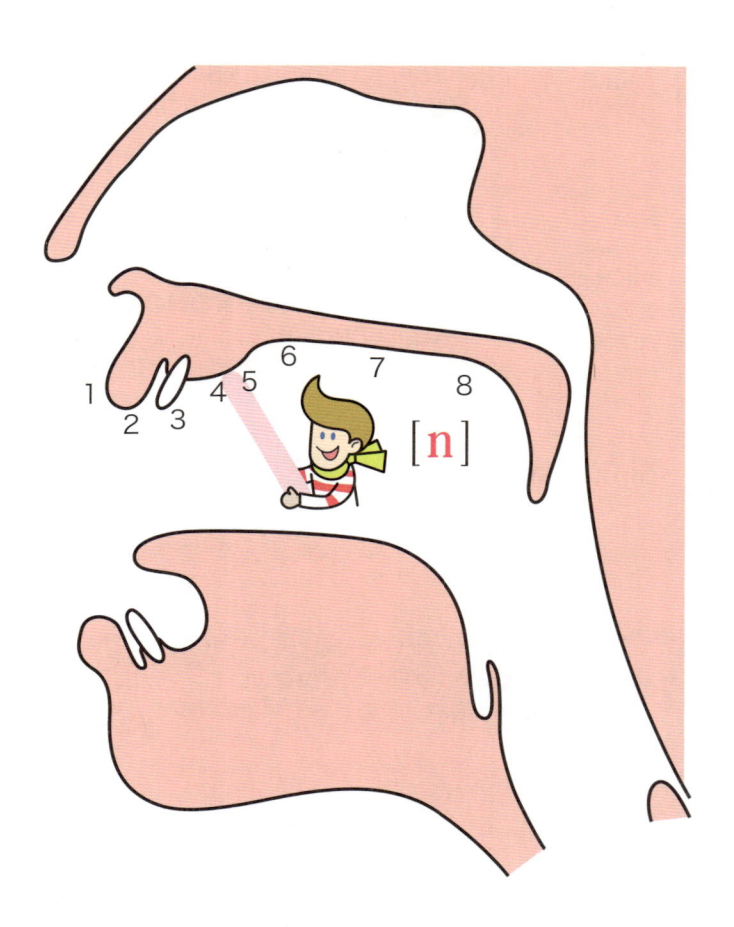

Congratulations!

子音は以上だよ!

次は音の
メカニズムを学び、
会話につなげましょう!
①脱落音
②連結音
③同化音

音のメカニズム

脱落音（だつらくおん）
☆ 弱い母音や子音を発音しない
☆ 弱い母音や子音を非常に弱く発音する

連結音（れんけつおん）
☆ 母音と子音をつなげて発音する
☆ 子音と母音をつなげて発音する

同化音（どうかおん）
☆ 隣接する音に影響を受け別の音に変化する

脱落音 「say」「says」「said」を発音できますか？

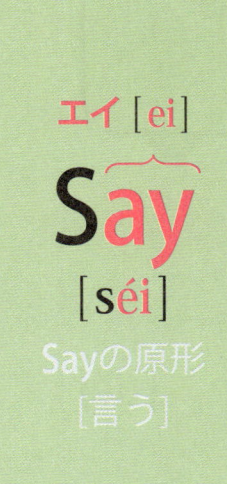

TRACK73

Say エイ [ei]
[séi]
Sayの原形
[言う]

Says エ [e]
[séz] ←消える
Sayの現在形単数

Said エ [e]
[séd] ←消える
Sayの過去・過去分詞形

「セイ」「セズ」「セド」！
「y」と「i」は黙字だよ！
「y」と「i」みたいに他にもたくさん弱い母音と子音は消えるよ！

次のページで脱落音を学びましょう！

Part 3 音のメカニズム 脱落音

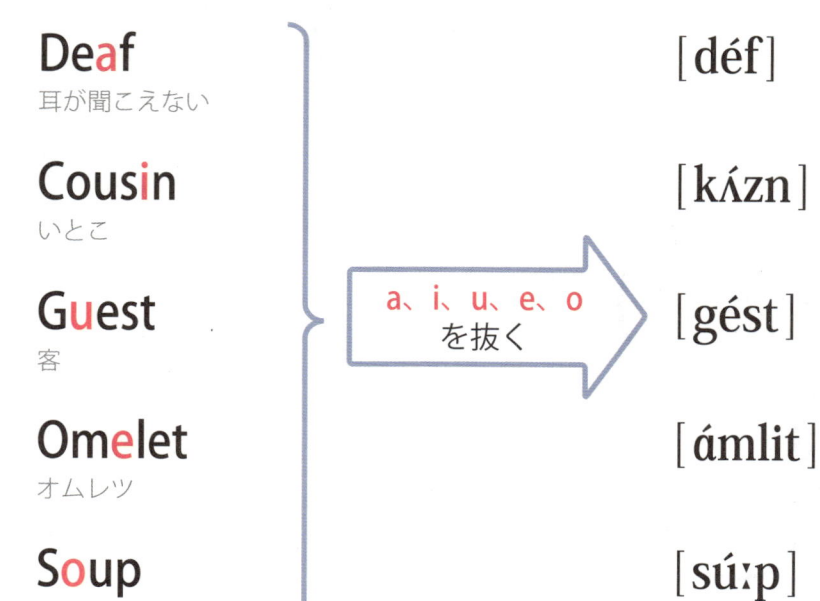

母音の脱落　　　　　　　　　TRACK74
　　　　　　　　　　　　　　(p.150−154)

Deaf
耳が聞こえない　　　　　　　　　　[déf]

Cousin
いとこ　　　　　　　　　　　　　　[kʌ́zn]

Guest　　　a、i、u、e、o
客　　　　　　　を抜く　　　　　　[gést]

Omelet
オムレツ　　　　　　　　　　　　　[ámlit]

Soup
スープ　　　　　　　　　　　　　　[súːp]

150

スペルから発音練習

Hoarse は Horse ?

「かすれた声の」の
「Hoarse」
発音できますか？

「Hoarse」の「a」が
消えるよ！

「馬」の「Horse」と
同じ発音です！
[hɔ́ːrs]
ホ〜ス

Part 3 音のメカニズム 脱落音

スペルから発音練習

「Aesthetic」の発音にチャレンジしよう！

Aesthetic
美の

ヒント♥
「A」が消えます！

~~A~~esthetic
[esθétik]
エスセリック

「ア」の音が消えて、「エ」の音からスタートだね！脱落がわかれば、難しい単語もラクラク♪

スペルから発音練習

Board は Bored？

「板」の「Board」と「退屈な」の「Bored」を「ボアード」と発音していないかな？

消える音
↓
Bo**a**rd　板

消える音
↓
Bor**e**d　退屈な

[bɔːrd]
ボ〜ド

スペルは異なるけれど発音は同じです！

Part 3 ｜ 音のメカニズム　脱落音

スペルから発音練習

「Suspicious」の発音にチャレンジしよう！

Suspicious
疑わしい

ヒント♥
「io」が消えます！

[səspíʃəs]
サスピシオスは×、サスピシャスが○

Delicious
[dilíʃəs]

Conscious
[kánʃəs]

Pretentious
[priténʃəs]

「美味しい」のDeliciousもシャス[ʃəs]だね。接尾辞がわかると他の単語にも応用できるよ♪

子音の脱落

Yolk の発音はヨルク？

「卵の黄身」の「Yolk」を「ヨルク」と発音していませんか？

母音だけではなく、弱い子音も消えるよ。

弱い「l」は発音しません！
ヨウクッ
[jóuk]

Part 3 音のメカニズム 脱落音

弱い「l」は発音しないよ!

Calm おだやかな		[kάːm]
Palm 手のひら		[pάːm]
Balm 香油	l を抜く	[bάːm]
Talk 話す		[tɔ́ːk]
Folk 人々		[fóuk]
Salmon サーモン		[sǽmən]

スペルから発音練習

TRACK76
(p.157-159)

Herb の発音はハーブ？

「薬草のハーブ」の「Herb」を「ハーブ」と発音していないですか？

弱い「h」も抜けるのでアーブ [ə́ːrb] が正解！

カジュアルな会話では「him」や「her」の「h」を抜く人もいるけれど、マネしなくて大丈夫です！

Part 3 音のメカニズム　脱落音

弱い「h」は発音しないよ!

Wheat 麦		[wíːt]
Whale クジラ		[wéil]
Chris クリス（名前）	hを抜く	[krís]
Chorus 合唱曲		[kɔ́ːrəs]
Vehicle 車両		[víːikl]
Exhibition 展示会		[èksəbíʃən]

カタカナから発音練習

「ホネスト」では通じないよ!

To be honest,
(正直なところ…)

Part3 | 音のメカニズム　脱落音

Honest [ánist]

↑　↑
「オ」ではなく「ア」!
[h] は抜けるよ!

TRACK 77

弱い「w」は発音しないよ!

Write 書く		[ráit]
Wreath 花輪		[ríːθ]
Wrong 間違った	wを抜く	[rɔ́ːŋ]
Wreck 破損		[rék]
Wriggle もじもじする		[rígl]
Wrinkle しわ		[ríŋkl]

弱い「k」は発音しませんよ！

Knot 結び目		[nát]
Knee ひざ		[níː]
Knight 騎士	kを抜く	[náit]
Knock ノックする		[nák]
Knowledge 知識		[nálidʒ]
Knuckle げんこつ		[nʌ́kl]

TRACK79

弱い「g」は発音しないよ！

① g が完全に消えます。

Sign [sáin]
きざし

「g」を完全に抜いて発音しましょう！

②進行形の ing の g はよく消されます。

Going [góuiŋ]
Go の進行形

「g」を抜いて [n] は軽く歯茎に当てましょう！

③後ろに母音がこない場合は
　語末の g はよく消されます。

Sing [síŋ]
歌う

「g」を抜いて [n] は軽く歯茎に当てます！罪の「Sin」の [n] はしっかり歯茎に当てましょう！

弱い「gh」は発音しませんよ！

Almighty 絶大な		[ɔːlmáiti]
Bought Buy の過去・過去分詞		[bɔ́ːt]
Weight 体重	gh を抜く	[wáit]
Slight わずかな		[sláit]
Tight きつい		[táit]
Through 通り抜けて		[θrúː]

TRACK81

弱い「p」は発音しないよ!

① p が完全に消えます。

Cupboard [kʌ́bərd]
食器棚

①は「p」を完全に抜いて発音しましょう!

② 1つ目の p が消えます。

Shopping [ʃápiŋ]
買い物

③ p の後に子音がある場合は p を発音する代わりに口を閉じましょう。

lipstick [lípstìk]
口紅

④ 後ろに母音がこない場合、語末の p はよく消されます。

Shop [ʃáp]
店

③と④は「p」を発音する代わりに口を閉じます♪

弱い「b」は発音しませんよ!

① b が完全に消えます。

Climb [kláim]
登る

Lamb [lǽm]
子羊

Limb [lím]
手足

Thumb [θʌ́m]
親指

Debt [dét]
借金

② b の後に子音がある場合は b を発音する代わりに口を閉じましょう。

Subject [sʌ́bdʒikt]
話題

Submit [səbmít]
提出する

③ 後ろに母音がこない場合は語末の b はよく消されます。

Job [dʒáb]
仕事

「b」を消す方法は「p」と同じく口を閉じるだけです♪

上級レベル

語末のpとbを
口を閉じて消す時は
母音の長さに少し
違いがあるよ！

Cap [kǽp]
野球帽

Cab [kǽb]
タクシー

Capの[ǽ]は素早く、
Cabの[ǽ]はゆっくりめ
に発音します♪

無声音の前の母音は速めに、有声音の前の母音はゆっくりめに発音します。

弱い「t」は発音しませんよ!

① t が完全に消えます。

Listen [lísn]
聞く

「t」を完全に抜いて発音しましょう!

② 後ろに子音が続く t はよく消されます。

Doubtful [dáutfəl]
疑わしい

[t] の消し方は「ダウ、フォゥ」のように「ダウ」と「フ」の間に瞬間停止が入ります。

③ 後ろに母音がこない場合は語末の t はよく消されます。

Doubt [dáut]
疑う

[t] は歯茎に舌を付ける寸前または触れた瞬間に「Doubt」の発音が完了します。(舌で歯茎をはじかない)「ダウ、」のように「ウ」の後に瞬間停止が入ります。

Part 3 音のメカニズム

脱落音

スペルから発音練習

Shall は昔は Shalt！

助動詞の「Shall」は
シェイクスピアの時代は
「Shalt」だったわね。

「You（あなた）」の
代わりに
「Thou（なんじ）」が
使われていた
時代だね。

日本語にも古語と
現代語があるのと同じで
英語の発音も
流動的よね！

「しばしば」の「Often」も今は [t] を抜いて発音する方が主流だね。

そうね！[t] を抜いた方が楽だから「オーフン」なんだろうね！

「お城」の「Castle」も今は「キャソォウ」だけど昔は「キャストォウ」と発音されていたのかもね！？

Part 3 音のメカニズム　脱落音

弱い「t」は
発音しないよ!

「イズン」、「ア〜ン」、「ドウン」、「ダズン」
のように [t] を抜いた方が発音しやすいよ!

Isn't   [ízn]
is not の短縮形

Aren't   [áːrn]
are not の短縮形

Don't   t を抜く   [dóun]
do not の短縮形

Doesn't   [dʌ́zn]
does not の短縮形

Can't   [kǽn]
can not の短縮形

「Can't」の [t] を抜く時は「キャン」を素早く
強調して発音してね。
ゆっくりだと「Can」に間違えられるよ!

nt の時の「t」は発音しなくてもいいです！

Center センター	t を抜く	[sénər]
Internet インターネット		[ínəːrnet]
Moment 瞬間		[móumən]
Advantage 利点・長所		[ædvǽnidʒ]
Percentage 割合		[pərsénidʒ]
Recently 最近		[ríːsnli]

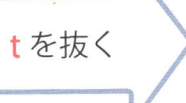

Part 3 音のメカニズム 脱落音

「ntl」/「ntal」の時は「ノオゥ」でもいいよ!

Dental 歯医者の		[dénl]
Gentle 優しい		[dʒénl]
Mental 心の	t を抜く	[ménl]
Rental 賃貸の		[rénl]
Parental 親の		[pərénl]
Continental 大陸の		[kànnénl]

「tly」/「tely」の時は「、リー」でもいいです！

Greatly
非常に

[gréili]

Frequently
頻繁に

[fríːkwənli]

Recently
最近

[ríːsnli]

t を抜く

Lately
最近

[léili]

Immediately
すぐに

[imíːdiəli]

Approximately
大体

[əpráksəməli]

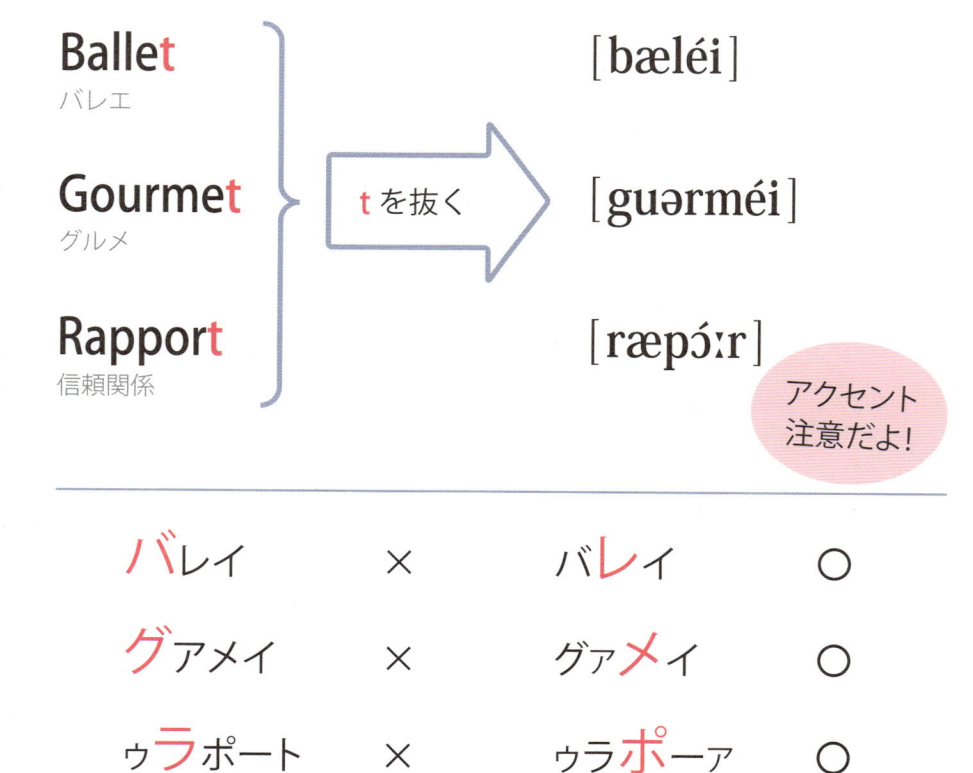

フランス語が英語化した語尾の「t」は発音しないよ!

Ballet バレエ		[bæléi]
Gourmet グルメ	t を抜く →	[guərméi]
Rapport 信頼関係		[ræpɔ́ːr]

アクセント注意だよ!

バレイ	×	バレイ	○
グァメイ	×	グァメイ	○
ゥラポート	×	ゥラポーァ	○

スペルから発音練習

「Ice**d** tea」を発音してみよう！

Ice[t]**d** [t]tea

「アイス**ト** ティー」
だと発音
しにくくないかな？

1つ目の [t] を落として
「アイス、ティー」に
するとラクね♪

アイス、ティー
プリーズ♡

Iced tea
[áist] [tíː]

Part 3 音のメカニズム　脱落音

弱い「d」は発音しないよ!

① d が完全に消えます。

Wednesday [wénzdei]
水曜日

「d」と2つ目の「e」を抜いて「Wensday」だと思って発音しましょう!

② 複合名詞の真ん中の d はよく省略されます。

Grandmother [grǽnmʌðər]
祖母

「d」を抜いて「Granmother」だと思って発音しましょう!

③ dd の最初の d が消えます。

Midday [mídày]
正午

最初の「d」は舌を歯茎にしっかり付け瞬間停止するだけです。「ミッ、デイ」と発音しましょう!

④ 後ろに母音がこない場合は語末の d はよく消されます。

Bed [béd]
ベッド

消し方は「d」を発音する代わりに舌を歯茎に付けたまま「ド」と発音します。詰まったような音がかすかに出ます。

上級レベル

語末の **t** と **d** の消し方は舌の付け方と母音の長さに少し違いがあります！

Cart [kɑ́ːrt]
カート

Card [kɑ́ːrd]
カード

Cart の [ɑ́ːr] は速めで [t] は歯茎に舌を付ける寸前または触れた瞬間に「Cart」の発音が完了します。
[ɑ́ːr] を途中でさえぎるように停止します。

Card の [ɑ́ːr] はゆっくりめに発音し、歯茎に舌をしっかり付けたままはじかないで「ド」と発音します。詰まったような音がかすかに出ます。

Part 3 音のメカニズム 脱落音

☆アールは舌を後方にしっかり引っ張りますので、[t] と [d] はp.83 のイラストの 4〜5 の基本ポジションより、むしろ 5〜6 に近くなります。

上級レベル

[tn] と [dn] は、うなずく時の「ウン、ウン」の「ウ」を抜いて、「ン、ン」とうなずきながら「ン」を鼻から発音する感じだよ！

Kitten [kítn]
子猫

Guidance [gáidns]
指導・案内

[tn] と [dn] の違いは、[dn] は [d] の時からしっかり歯茎に舌を当ててうなずくように「ン」と発音します♪

[tn] [dn] 以外にも [子音＋n] が並ぶパターンがあります！

子音連鎖 [子音＋n]		例		
[tn]	、ン	Mountain	山	[máuntn]
[dn]	、ン	Pardon	容赦	[páːrdn]
[kn]	クン	Weaken	弱める	[wíːkn]
[gn]	グン	Dragon	ドラゴン	[drǽgn]
[zn]	ズン	Horizon	地平線	[həráizn]

間違い例で発音していないかな？

間違い例	正解
マウンテン	マウン、ン
パ〜ドン	パ〜、ン
ウィーケン	ウィークン
ドラゴン	ジョラグン
ホライゾン	ホライズン

Part 3 音のメカニズム　脱落音

スペルから発音練習

Because は Cause！

「Because」はよくカジュアルな会話では「Cause」と同じ発音ね！

「Because」のスペルの略式は省略のアポストロフィ・マーク「'」が付いて「'Cause」だね！

O'clock も元は「Of the clock」で「f」と「the」が省略されているね！

Let's go!
は
「Let us go!」

皆、なにげなく
たくさん省略
して話しているね!

省略するとラクだね♪

Part 3 音のメカニズム 脱落音

Congratulations!

脱落音は以上だよ！

次は連結音を学びましょう！

連結音 (れんけつおん)

TRACK85

「Aパイナップル」と「Anアップル」つなげて発音していますか？

母音+子音のパターン

A pineapple
[ə] [páinæpl]
パイナップル1つ

→ 単語1つだと思って発音してみよう！

Apineapple
[əpáinæpl]
ァパイナポゥ

子音+母音のパターン

An apple
[ən] [ǽpl]
アップル1つ

→ 単語1つだと思って発音してみよう！

Anapple
[ənǽpl]
ァナポゥ

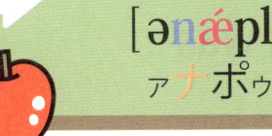

「母音と子音」、「子音と母音」をつなげて発音すると、なめらかな発音に聞こえるよ！

次のページで連結音を学びましょう！

Part 3 音のメカニズム　連結音

183

[n]と母音は「ナ行」でつなげよう！

n + 母音

On a date
デート中

O<u>n a</u> date
[ɔ́ːnə]
オーン<u>ナ</u>

When I was ...
私が〜だった時

Whe<u>n I</u> was ...
[wenái]
ウェ<u>ナイ</u>

Turn it up!
ボリューム上げて！

Tur<u>n i</u>t up!
[tə́ːrni]
チャー<u>ニ</u>

☆ここでは音の連結に特化する為、カタカナにはアクセントの強弱は付けていません。

I'm havi**ng a** good time!
（楽しいな！）

会話にチャレンジ！

I'm havi**ng a** good time!

gを落としてnとaをくっつけてハヴンナと発音してもいいよ!

dを落として、グッと止めてからタイムと発音してもいいですよ!

I'm havi**n a** goo, time!
ハヴン**ナ** グ、タイム

Part 3 ｜ 音のメカニズム

連結音

[m]と母音は「マ行」でつなげよう！

m + 母音

Some apples
アップル数個

Some a pples
[sʌ́mǽ]
サマ

Come in!
どうぞ入ってください！

Come in!
[kʌ́min]
カミン

Game on!
ゲーム開始！

Game on!
[géimɔ́ːn]
ゲイモーン

[t]と母音は「ラ行」でつなげよう！

t＋母音

Turn it up!
ボリューム上げて！

Turni t up !
[tə́ːrni] [tʌ́p]
チャ～ニ ラッ、

Put it on!
着てみて！

Pu t i t on !
[púti] [tɔ́ːn]
プレローン

What else?
他に何かある？

Wha t else ?
[wʌ́téls]
ワレォス

☆「チャ～ニ」の「ニ」は[i]が「エ」に近い音なので「ネ」に聞こえます。

「of」の連結を学ぼう！

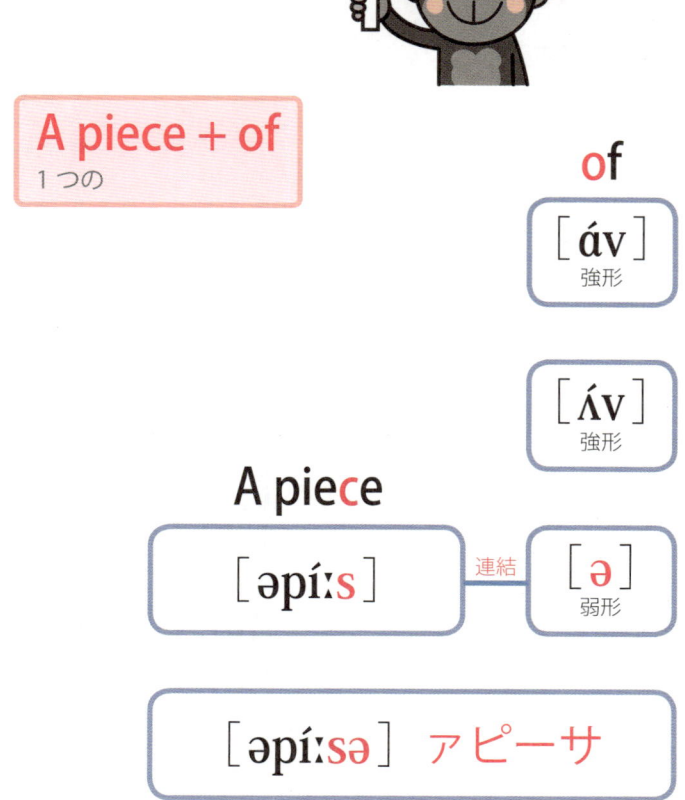

TRACK89
(p.188-193)

A piece + of
1つの

of
[áv]
強形

[ʌ́v]
強形

A piece
[əpíːs]　連結　[ə]
弱形

[əpíːsə]　アピーサ

It was a piece of cake!
（簡単だった！）

会話にチャレンジ！

It was a piece of cake!

[zəpíːsə]

イ、ワザ　ピーサ　ケイク

Part 3　音のメカニズム　連結音

kind + of
いくぶん / 〜のようで

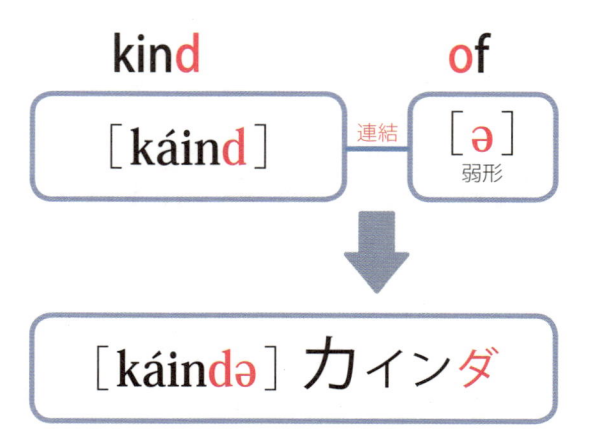

kind　　　　of
[káind] —連結— [ə] 弱形

⬇

[káində] カィンダ

A kind + of
一種類の

[əkáində] ァカィンダ

I'm kind of sleepy.
（なんかねむたいな〜）

会話にチャレンジ！

I'm kind of sleepy.

（kinda）

[káində]

Kinda は Kind of のくだけたスペルです！

アイム　カインダ　スリーピー

Part 3 音のメカニズム　連結音

191

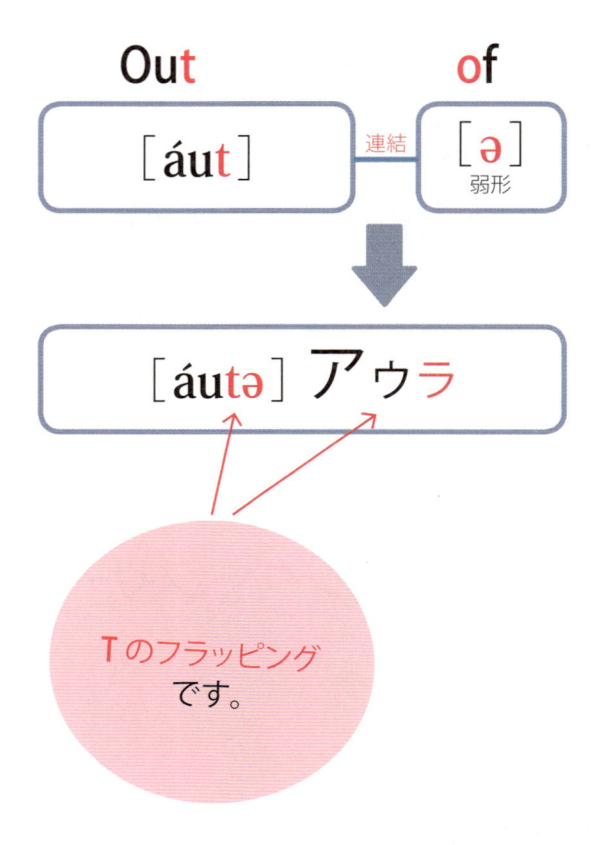

Out of
〜の外で

Out [áut] 連結 of [ə] 弱形

↓

[áutə] アゥラ

Tのフラッピングです。

He was way out of line!（彼はとても失礼だった！）

会話にチャレンジ！

He was way out of line!

[áutə]

ヒー ワズ ウェイ アウラ ライン

Part 3 ― 音のメカニズム　連結音

「Want to」は「ワナ」でもいいよ！

TRACK90
(p.194-196)

Want + to

to の発音は強形と弱形があります！

「Want」の「t」を抜いて「to」の「t」が抜けた弱形「ə」を連結させると「ワナ」になるよ！

to
[túː] 強形

[tə] 弱形

Want
[wán] 連結 [ə] 弱形

⬇

[wánə] ワナ

Do you want to go?
（一緒に行く？）

会話にチャレンジ！

Do you want to go?
　　　（wanna）
　　　[wánə]

Wanna は
Want to の
くだけた
スペルです！

ドゥユ　ワナ　ゴウ

Part 3 ｜ 音のメカニズム

連結音

Do you want a piece of candy?
（あめ食べる？）

会話にチャレンジ！

「Want a」も「t」を落とすと「ワナ」になるよ！

Do you want a piece of candy?

[wánə]

ドゥユ　ワナ　ピーサ　キャンディー

「Got to」は「ガラ」でもいいよ！

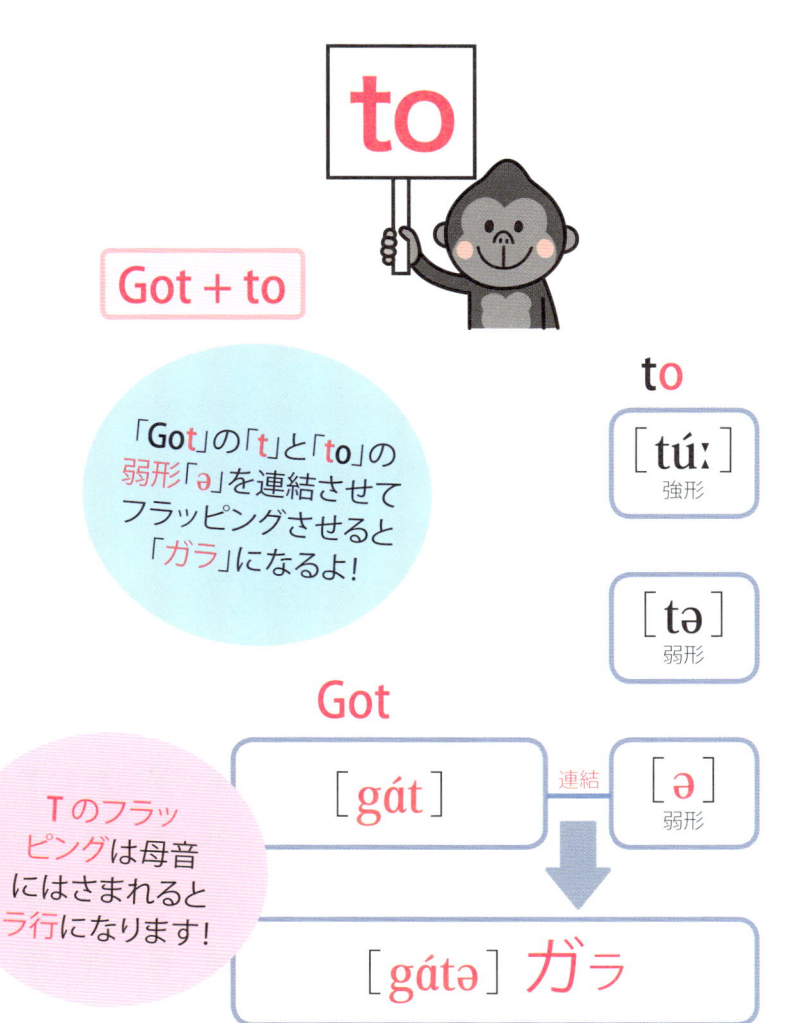

Got + to

「Got」の「t」と「to」の弱形「ə」を連結させてフラッピングさせると「ガラ」になるよ！

to
[túː] 強形

[tə] 弱形

Got
[gát] 連結 [ə] 弱形

Tのフラッピングは母音にはさまれるとラ行になります！

[gátə] ガラ

Part 3 音のメカニズム　連結音

I've got to go.
（そろそろ行かなくちゃ）

会話に
チャレンジ！

I've got to go.
（gotta）
[gátə]

Gotta は
Got to の
くだけた
スペルです！

アイヴ　ガラ　ゴォウ

I've got a question.
（質問！）

会話にチャレンジ！

「Got a」も「ガラ」になるよ！

I've got a question.

[gátə]

「have」もよく脱落します！

アイヴ　ガラ　クェ、チァン

Part 3 ｜ 音のメカニズム　連結音

「Going to」は「ゴーナ」でもいいよ！

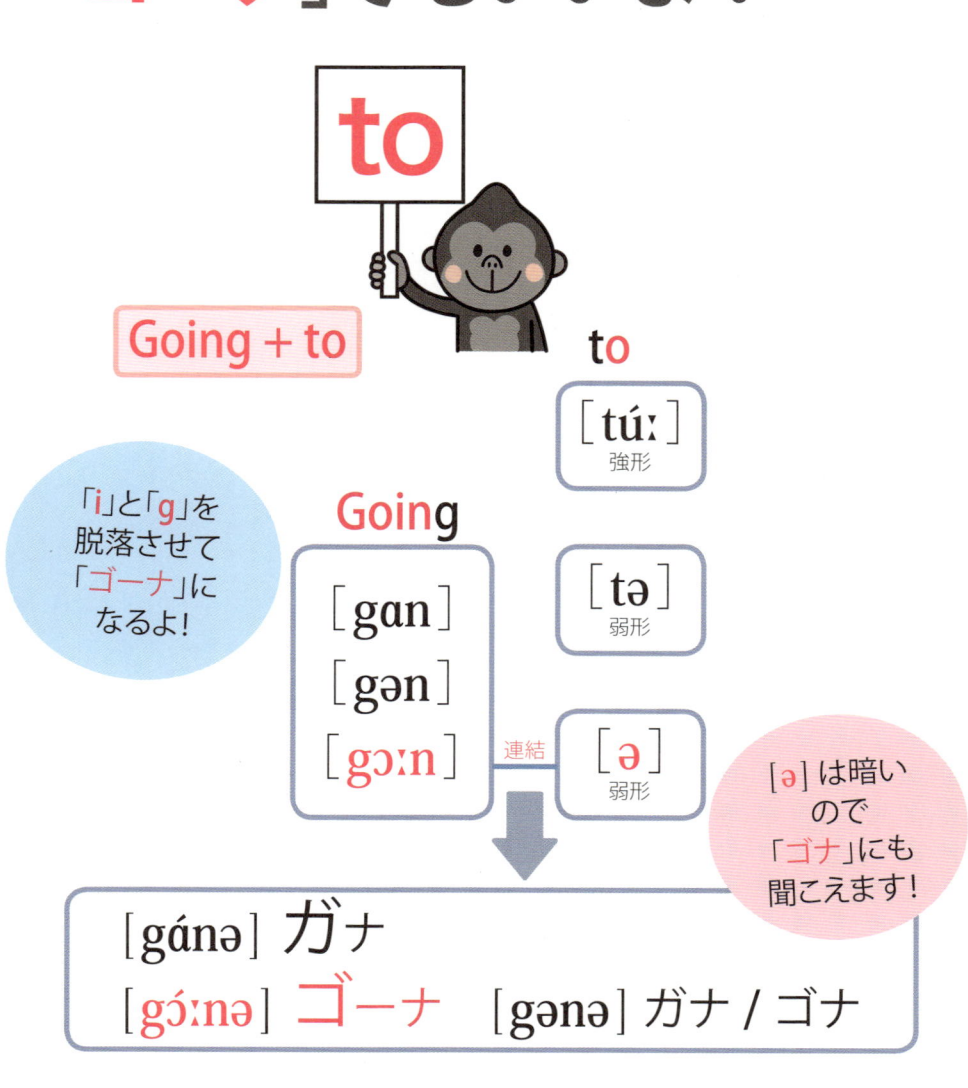

TRACK92
(p.200-201)

Going + to

to
[túː] 強形
[tə] 弱形
[ə] 弱形

「i」と「g」を脱落させて「ゴーナ」になるよ!

Going
[gɑn]
[gən]
[gɔːn]

連結

[ə]は暗いので「ゴナ」にも聞こえます!

[gánə] ガナ
[gɔ́ːnə] ゴーナ　[gənə] ガナ/ゴナ

Are you going to go?（行く予定？）

会話にチャレンジ！

Are you going to go?
（gonna）
[gɔ́ːnə]

Gonna は Going to のくだけたスペルです！

アユ　ゴーナ　ゴゥ

Part 3 音のメカニズム

連結音

助動詞 + have + 過去分詞

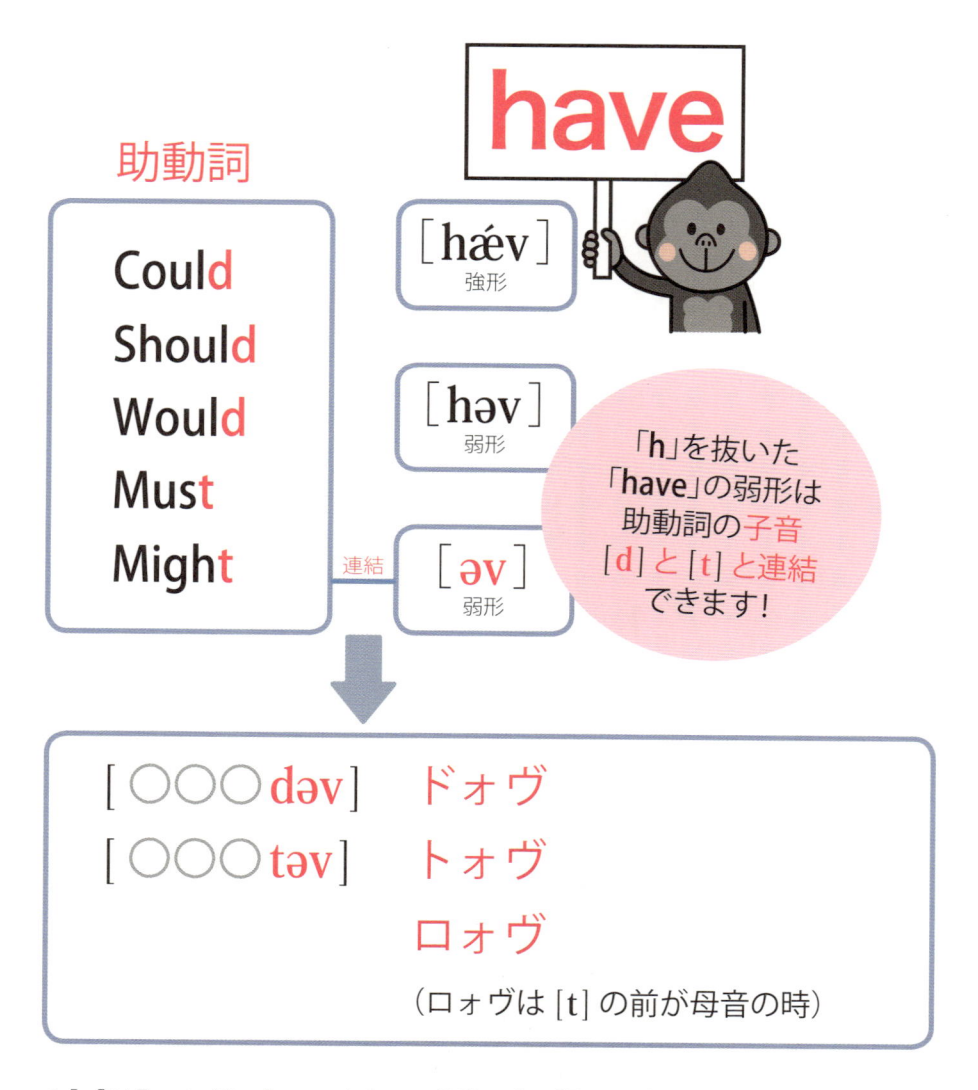

TRACK93
(p.202−204)

助動詞

Could
Should
Would
Must
Might

have

[hæv] 強形

[həv] 弱形

連結 [əv] 弱形

「h」を抜いた「have」の弱形は助動詞の子音 [d] と [t] と連結できます！

[○○○dəv]　ドォヴ
[○○○təv]　トォヴ
　　　　　　　ロォヴ

（ロォヴは [t] の前が母音の時）

☆[ə] は「ォ」に近い「ァ」の音なので「ダァヴ」が「ドォブ」、「タァヴ」が「トォヴ」、「ラァヴ」が「ロォヴ」に聞こえます。

202

「have」の短縮形「've」

「have」は「h」を抜いたら「of」と同じ発音だよ!

hを消すとof!

Have [həv] → [əv]
Of [əv]

同じ

助動詞 ＋ have の短縮形

Could've
Should've
Would've
Must've
Might've

短縮形はスペルも「h」が省略されます!

Part 3 音のメカニズム

連結音

Have を Of だと思って発音してみて!

Could have [kúdəv] クドォヴ
〜できただろうに

Should have [ʃúdəv] シュドォヴ
〜すべきだった

Would have [wúdəv] ウドォヴ
(もし〜なら)〜したであろう

Must have [mʌ́stəv] マストォヴ
〜したに違いない

Might have [máitəv] マイロォヴ
〜したかもしれない

上級レベル

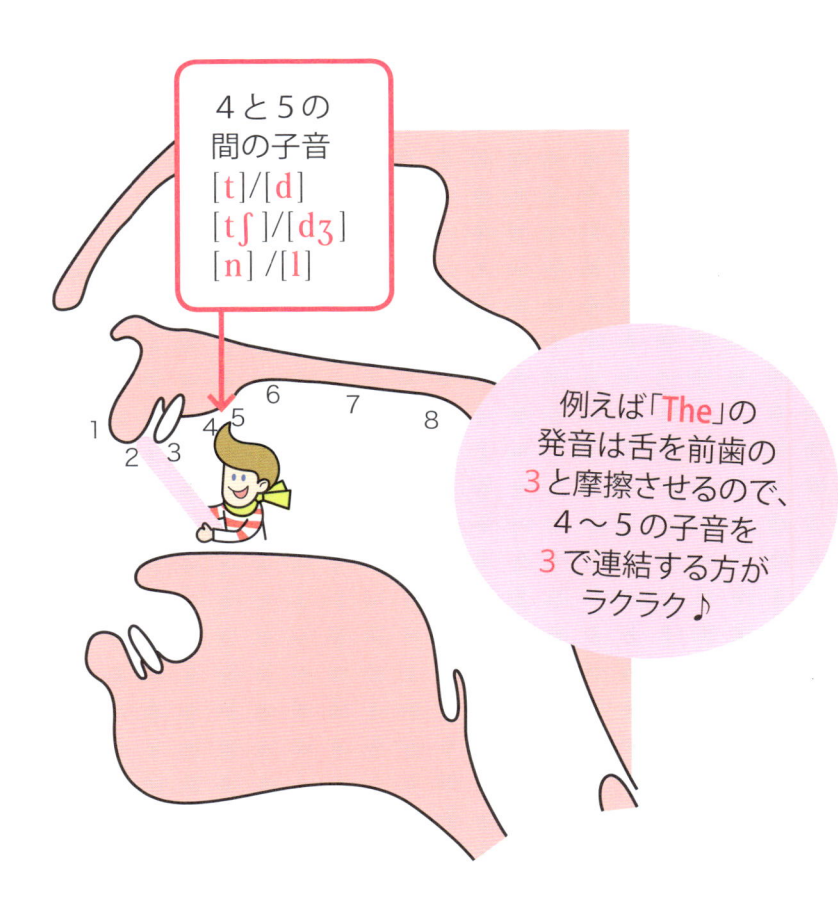

4と5の間で
発音する子音は
3で発音
できます！

4と5の
間の子音
[t]/[d]
[tʃ]/[dʒ]
[n]/[l]

例えば「The」の
発音は舌を前歯の
3と摩擦させるので、
4～5の子音を
3で連結する方が
ラクラク♪

Part 3 音のメカニズム　連結音

4〜5の間の子音 [n] + the

上級レベル
TRACK94
(p.206-207)

例） In the　　　[inðə]

3のポジションで発音するとラクラク！

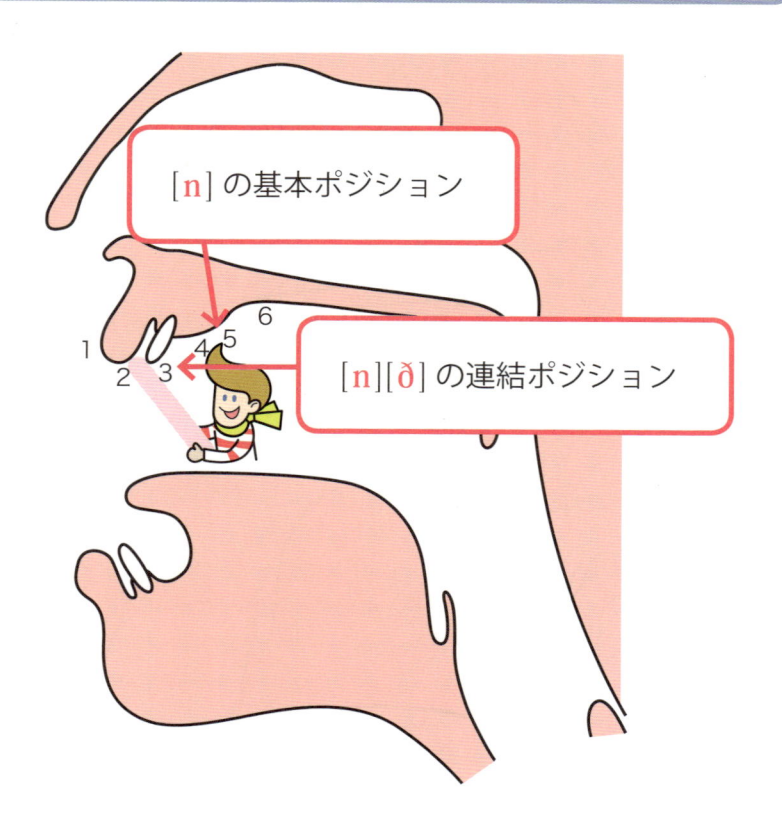

[n] の基本ポジション

[n][ð] の連結ポジション

上級レベル

The + 4〜5の間の子音 [t]

例） The time　　[ð(ə)táim]

3のポジションで発音するとラクラク！

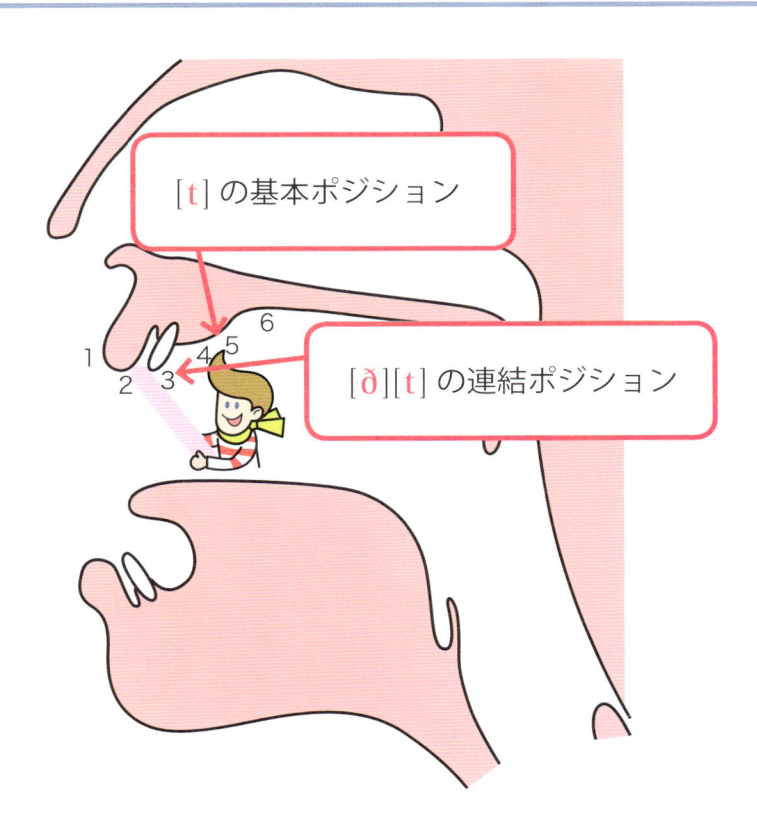

[t] の基本ポジション

[ð][t] の連結ポジション

Part3 音のメカニズム

連結音

Congratulations!

連結音は
以上だよ！

次は同化音を
学びましょう！

同化音

隣の音を別の音に変える スペル「Y」＝発音記号[j]

TRACK95
(p.209-210)

Nice to meet you!
はじめまして！

[míːt] + [júː]
ミート　　　ユー

⬇

[míːtʃjúː]
ミーチュー

前の [t] が後ろの [j] に影響され「ト」が「チ」になるよ！

次のページで同化音のパターンを学びましょう！

Part 3 音のメカニズム

同化音

[j]の影響を受けると ト[t]はチ[tʃ]、ド[d]はヂ[dʒ]に変身するよ！

[t]	[d]
破裂音 ト	破裂音 ド
↓	↓
[tʃ]	[dʒ]
破擦音 チ	破擦音 ヂ

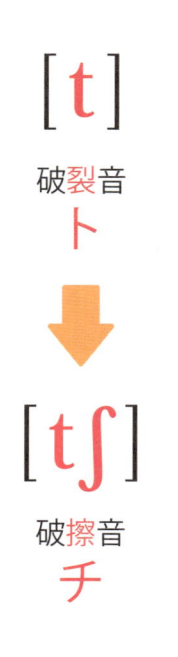

[tj] [dj] は「**チュ**」と「**ヂュ**」と発音しよう!

[tj]

Let you ...
あなたに〜させる

[lét]+[júː] ➡ [létʃjúː]
　　　　　　　　　　レ、**チュー**

[j] の影響を受けると ト [t] は チ [tʃ]!

[dj]

Did you ...?
あなたは〜しましたか？

[díd]+[júː] ➡ [dídʒjúː]
　　　　　　　　　ディ**チュー**

[j] の影響を受けると ド [d] は ヂ [dʒ]!

[j]の影響を受けると
シ[s]はシ[ʃ]、
ジ[z]はジ[ʒ]
に変身するよ!

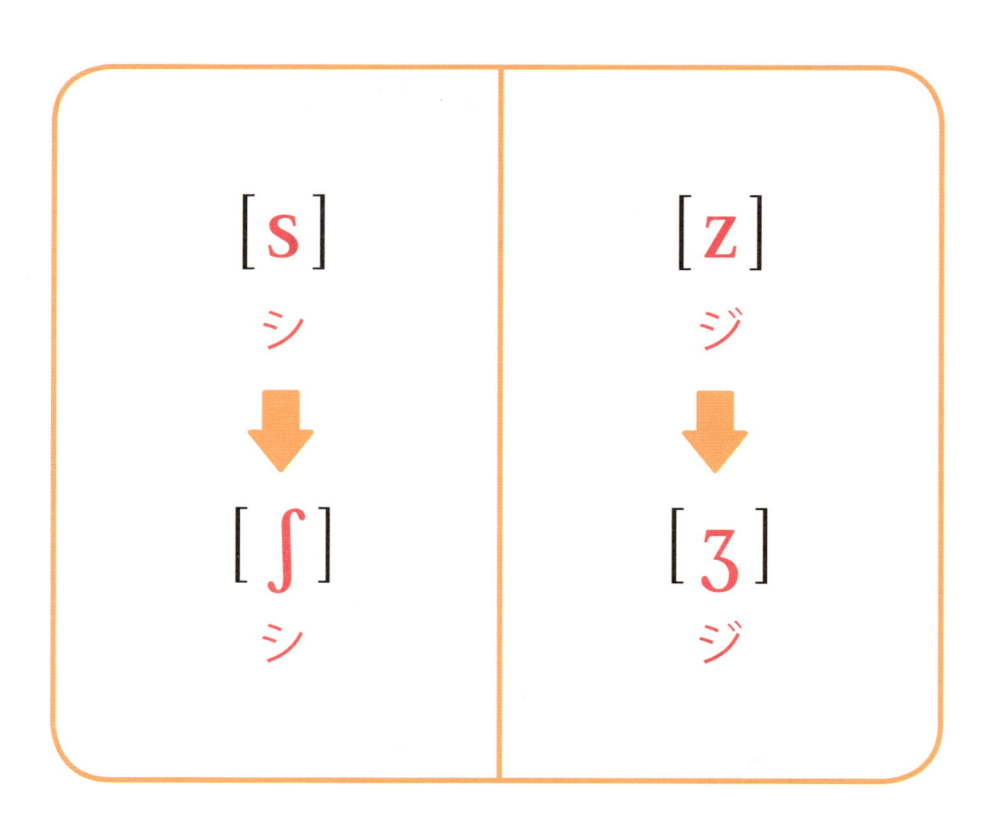

[s] シ ⬇ [ʃ] シ	[z] ジ ⬇ [ʒ] ジ

[sj][zj] は「シュ」と「ジュ」と発音しよう!

[sj]

I miss you.　[mís]+[júː] ➡ [míʃjúː]
あなたがいないのを寂しく思う
　　　　　　　　　　　　　　↑
　　　　　　　　　　　　　ミシュー

[j]の影響を受けると
シ[s]はシ[ʃ]!

[zj]

How's yours?　[háuz]+[júərz] ➡ [háuʒjúərz]
あなたのはどうですか?
　　　　　　　　　　　　　　　　↑
　　　　　　　　　　　　　ハウジュァズ

[j]の影響を受けると
ジ[z]はジ[ʒ]!

Part 3 | 音のメカニズム　同化音

What are you doing?
（今、何しているの？）

会話にチャレンジ！

What're you doing?

[wət][ər][júː]

↓ are('re)の脱落

[wət][júː]

↓ [t]と[j]の同化

[wətʃjúː]

ワ、チュー

「are」を脱落させず、[t] が母音にはさまれているのでフラッピングさせて「ワラユー」でもいいです！

Can I use your bathroom?
（お手洗い貸してください）

会話にチャレンジ！

Can I use your bathroom?

[juːz][júər]
↓ [z]と[j]の同化
[juːʒjúər]

ユージュア

ジ[z]は[j]の影響を受けてジ[ʒ]になるよ！

Part 3 | 音のメカニズム 同化音

「to」も隣の音を別の音に変えるよ！

①〜③
発音
できるかな？

① **have to / has to**
　〜しなければならない

② **used to**
　昔は〜したものだ

③ **be動詞 supposed to**
　〜することになっている

①「ハフ、トゥ」「ハス、トゥ」!

have to
〜しなければならない

強形 [hǽv]
弱形 [həv]

ハフ、
トゥ♪

後ろの [t] の影響を受けて
[v] → [f] に同化
↓
強形 [hǽf][túː]
弱形 [həf][túː]

has to
〜しなければならない(3人称単数現在形)

弱形 [həz]

ハス、
トゥ♪

後ろの [t] の影響を受けて
[z] → [s] に同化
↓
弱形 [həs][túː]

Part 3 音のメカニズム | 同化音

②「ユース、トゥ」!

Be 動詞 + used to
〜になれている

used to
昔は〜したものだ

ステップ①　[júːzd][túː]
　　　　　　　　　　↑
　　　　　　　　　[d] 脱落

[t] の影響を受けて [z] → [s] に同化
ステップ②　[júːs][túː]
　　　　　　　　　↑

ユース、トゥ♪　　[júːs][túː]

③「サポオウス、トゥ」!

Be 動詞 + supposed to
〜することになっている

ステップ①　[səpóuzd][túː]　　[d] 脱落

[t] の影響を受けて [z] → [s] に同化

ステップ②　[səpóus][túː]

↓

サポオウス、トゥ♪　　[səpóus][túː]

[tr]と[dr]は軽く[j]を入れる感じで発音しよう！

TRACK98
(p.220-222)

パターン① 「チョ＋ラ行」、「ヂョ＋ラ行」

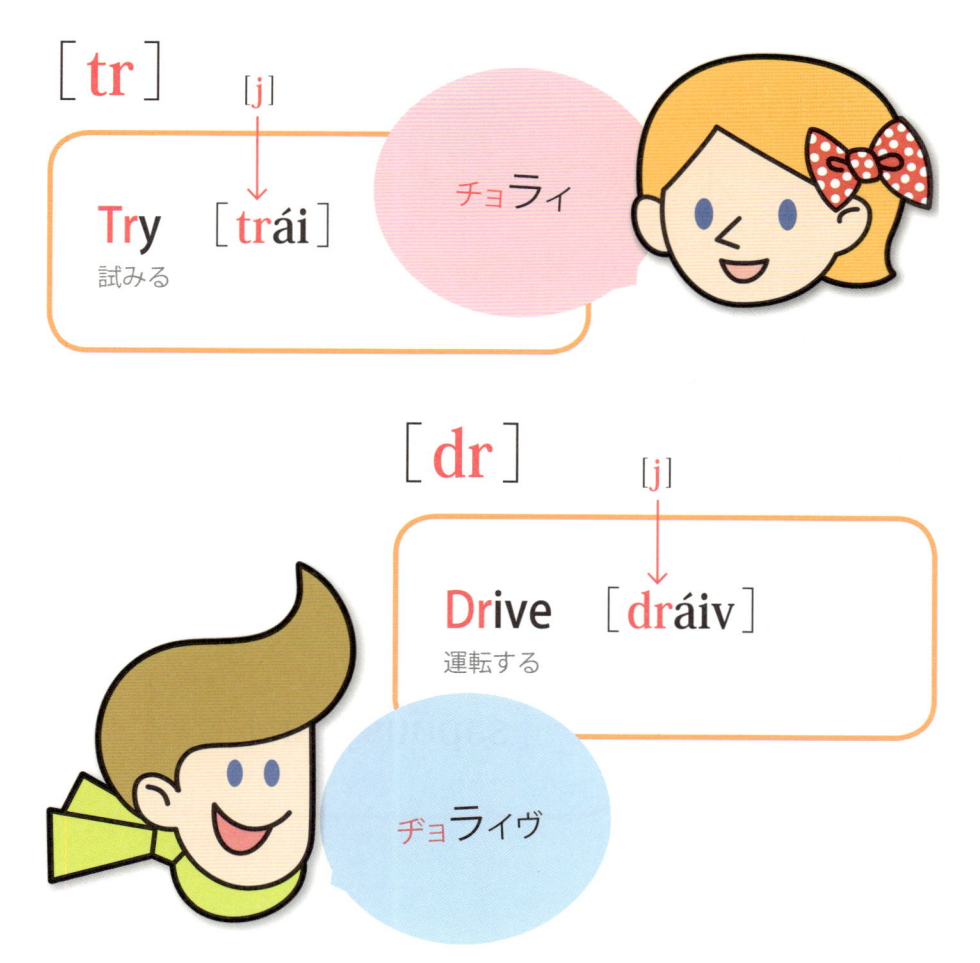

[tr]

Try [trái]
試みる

[j]

チョライ

[dr]

Drive [dráiv]
運転する

[j]

ヂョライヴ

パターン②　「チュ + ラ行」、「ヂュ + ラ行」

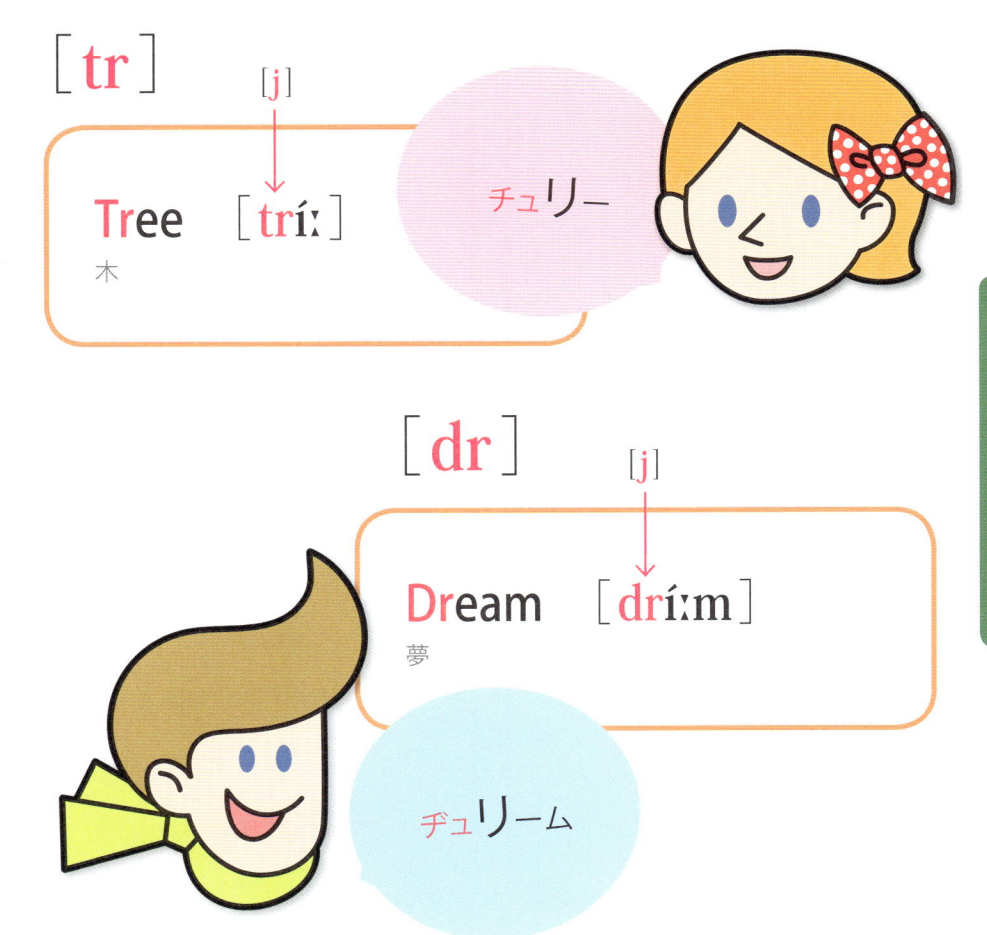

[tr]

Tree　[tríː]　[j]　チュリー
木

[dr]

Dream　[dríːm]　[j]　ヂュリーム
夢

[j]
↓
[tr]

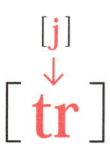

「チョ＋ラ行」

Try [trái]
試みる

Trade [tréid]
トレード

Train [tréin]
電車

「チュ＋ラ行」

Tree [tríː]
木

Trip [tríp]
旅行

True [trúː]
本当の

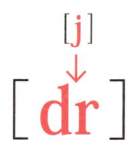

[j]
↓
[dr]

「ヂョ＋ラ行」

Drive [dráiv]
運転する

Draw [drɔ́ː]
描く

Dry [drái]
乾いた

「ヂュ＋ラ行」

Dream [dríːm]
夢

Drink [dríŋk]
飲む

Drip [dríp]
しずくをたらす

Congratulations!

音のメカニズムは以上だよ!

センテンスの練習が付録に付いています!

付録

センテンス練習

TRACK99
(p.225-230)

① [t] 脱落

It's about time!
時間だよ!

② アリロゥ [əlítl]
① [ə] と [l] 連結
② [t] フラッピング

[t] 脱落

A little bit.
すこしだけ

③ [v] 脱落　　連結→ [əb]

Give me a break!
いいかげんにしてよ

付録

225

④ [t] 脱落　[t] 脱落

I need at least three.
3個は必要

⑤ [t] 脱落　[d] 脱落　[d] 脱落

It should be around here.
このへんのはずだけど

⑥ [d] 脱落　① [g] 脱落　② [n] と [i] 連結　③ [t] 脱落

I should be doing it.
私がしなくてはいけないよね

⑦ 連結→[sə]　[θ]脱落　[t]脱落

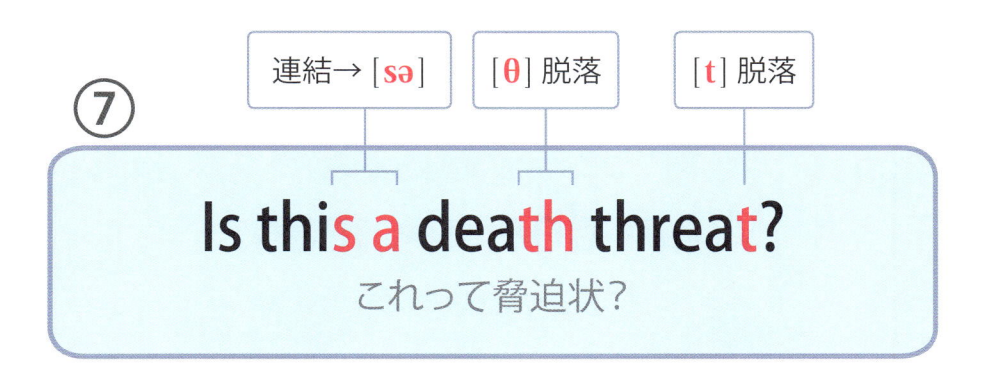

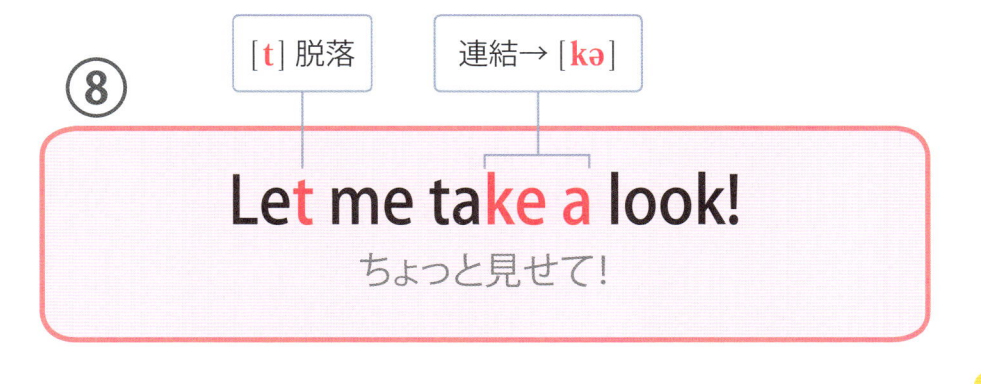

Is this a death threat?
これって脅迫状?

⑧ [t]脱落　連結→[kə]

Let me take a look!
ちょっと見せて!

⑨ 連結→[njúː]　[p]脱落　連結→[əs]

Can you help me for a second?
ちょっと手伝って!

⑩

[t] 脱落 — 連結→[zi] — [t] 脱落

What does it mean?
どういう意味？

⑪

ワリ [wəti]（フラッピング） — 連結→[zi] — [t] 脱落

What is it?
それなに？

⑫

ワラ〜 [wətər]（[t] フラッピング）

What are they?
それらはなに？

⑬ 連結→ [zái]　同化→ [s]

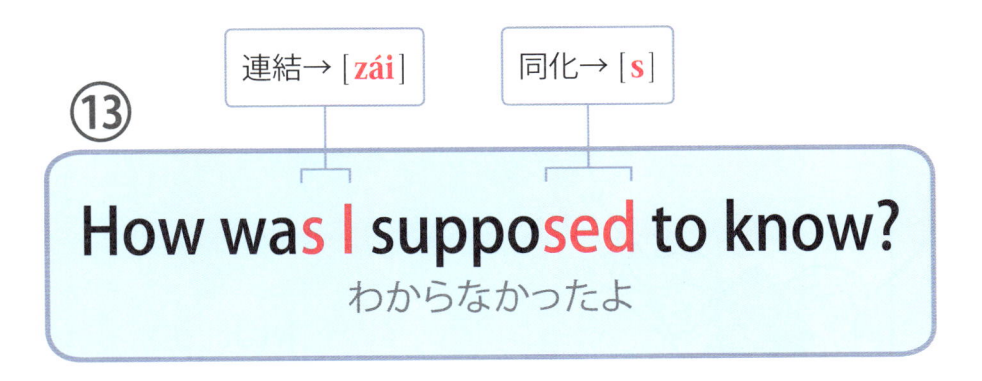

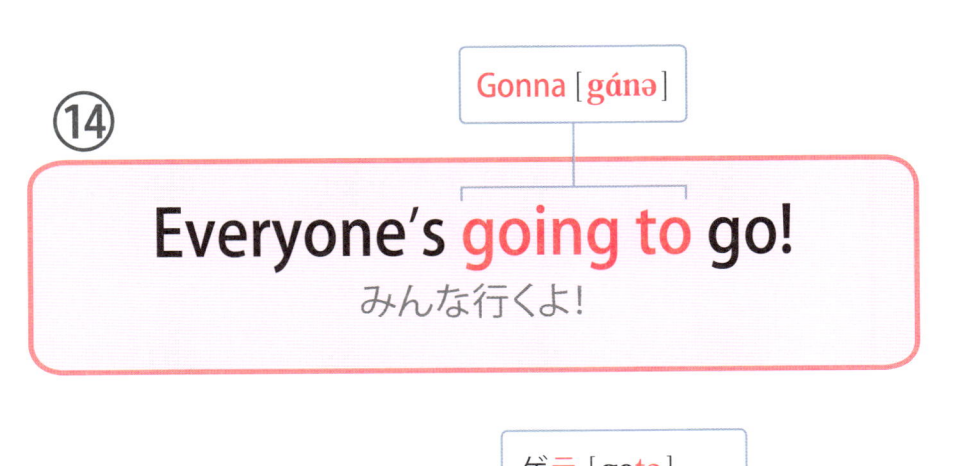

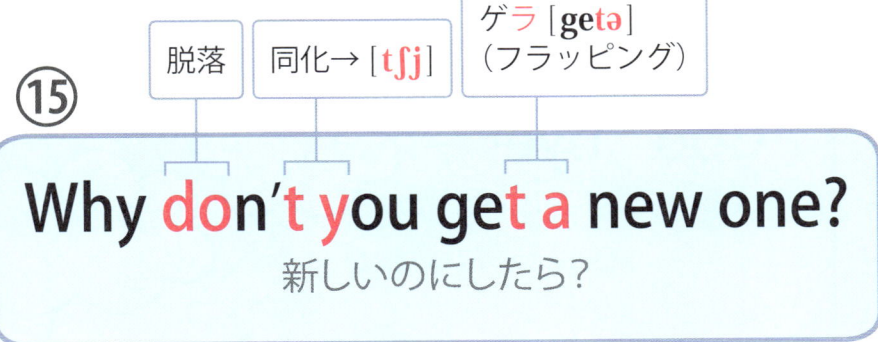

How was I supposed to know?
わからなかったよ

⑭ Gonna [gánə]

Everyone's going to go!
みんな行くよ!

⑮ 脱落　同化→ [tʃj]　ゲラ [getə]（フラッピング）

Why don't you get a new one?
新しいのにしたら?

レイラ〜 [léitər]
(フラッピング)

See you later!
またね!

[d] 脱落

Good bye!
さようなら!

著者紹介
マクラフリン愛菜(あいな)

兵庫県出身。英国夏期語学スクール研修。米国インディアナ州デルタ高校交換留学。米国インディアナ州ボールステイト州立大学卒業。ボールステイト州立大学院卒業。在米日系企業(東証一部上場企業)にて営業・購買・品質・情報通信・物流・開発・人事・総務通訳・翻訳を経験。

現在、やりなおし英語JUKU 大阪校 教室長／講師。
TOEIC TEST 990点。

> CDの内容
○時間…37分52秒
○ナレーション：マクラフリン愛菜／Howard Colefield

CD BOOK　英語はつおん(えいご)ワークブック

2015年11月25日　初版発行

著者	マクラフリン愛菜(あいな)
カバーデザイン・イラスト	いげた めぐみ
イラスト協力	細川 資子
DTP	WAVE 清水 康広

©Aina McLaughlin 2015. Printed in Japan

発行者	内田 真介
発行・発売	ベレ出版
	〒162-0832　東京都新宿区岩戸町12 レベッカビル
	TEL.03-5225-4790 FAX.03-5225-4795
	ホームページ http://www.beret.co.jp/
	振替 00180-7-104058
印刷	三松堂株式会社
製本	根本製本株式会社

落丁本・乱丁本は小社編集部あてにお送りください。送料小社負担にてお取り替えします。

ISBN 978-4-86064-455-0 C2082　　　　　編集担当　新谷友佳子

英語で手帳をつけてみる

石原真弓 著

四六並製／本体価格 1300 円（税別）　■ 176 頁
ISBN978-4-86064-221-1 C2082

好評な『英語で日記を書いてみる』では、英語で日記を書くことで、毎日英語で考える習慣がつけられる、効率のよい学習法を紹介しました。今度は「手帳」です。手帳は日に何度も書き込んだりながめたりするもの。英語で予定や覚え書きなどを毎日書き込むことで、自然に英語に触れることができます。どんな英語レベルの方でも手軽に始められて楽しみながら英語力UPをはかることができる学習法です。

語りかける中学英語

東後幸生 著

A5 並製／本体価格 2100 円（税別）　■ 536 頁
ISBN978-4-86064-204-4 C2082

入門英文法の解説では定評のある＜東後式＞で、中学でならう英文法をわかりやすく解説。500 頁を超える本ですが、とにかく細部まで丁寧に、まるで家庭教師の先生が、隣で手取り足取り教えてくれているような気分で、楽しみながら読み進めていくことができます。これ 1 冊あればどんな英語嫌いでも、わからないところを残さず、必ず最後まで到達できること、請け合いです！

ネイティブのひとりごと英語表現集

濱田伊織／ウォーレン・フィッシー 著

四六並製／本体価格 2200 円（税別）　■ 320 頁
ISBN978-4-86064-298-3 C2082

ネイティブスピーカーの日常の心のつぶやきを 1 冊にまとめた表現集。朝起きてから寝るまで、仕事や学校などで、ネイティブはこんな表現を心に思い浮かべているのです。自然でカジュアルなフレーズは、英語ブログや日記、ツイッターにも最適。すべてのフレーズを CD に収録。本書の表現を身につけることで、心の中をネイティブ化することができる！！